Arte moderno popular

Francesca Fratini (ed.)

ARTE MODERNO POPULAR

Alberto Cirese
Giulio Carlo Argan
Bruno Zevi
Adriano Viganò
Attilio Marcolli
Gillo Dorfles
Piero Raffa
Guido Montana
Guido Aristarco
Franco Ferrarotti

Introducción de Julián Díaz Sánchez
Traducción de Juan José Gòmez Gutiérrez

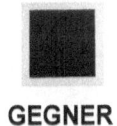

GEGNER

Consejo Editorial
Director: Juan José Gómez Gutiérrez
Robin Adèle Greeley, University of Connecticut
Teresa Cascudo García-Villaraco, Universidad de La Rioja
Miguel Ángel Albi Aparicio, Universidad Pablo de Olavide
Guido Ferilli, Università IULM

Título original: *Arte popolare moderna*
© Paolo Venturoli
Introducción de Julián Díaz Sánchez
Traducción de Juan José Gómez Gutiérrez
Edita: Gegner Libros
Camino Fuente del Rey, 1. 21200 Aracena
www.gegnerlibros.com
info@gegnerlibros.com
ISBN: 978-84-96875-34-0
Depósito legal: H 198-2013

ÍNDICE

Introducción a la edición española
Julián Díaz Sánchez I

Introducción
Francesca Fratini 1

1. POR UNA NOCIÓN CIENTÍFICA DE ARTE POPULAR
Alberto Cirese 3

2. EL ARTE MODERNO COMO ARTE POPULAR
Giulio Carlo Argan 15

3. ARQUITECTURA
Arte popular como arquitectura moderna
Bruno Zevi 29
Adriano Viganò 41
Attilio Marcolli 44

4. DISEÑO INDUSTRIAL
Relaciones e interferencias entre el arte popular y el diseño industrial
Gillo Dorfles 50
Arte popular y sociedad industrial
Piero Raffa 56

5. LOS «MASS MEDIA»
Los nuevos signos icónicos de los «mass media»
Guido Montana 59

6. CINE
El cine y la noción de arte tradicional
Guido Aristarco 65

7. ALGUNAS OBSERVACIONES SOCIOLÓGICAS SOBRE EL ARTE POPULAR Y LA ESTÉTICA EXPERIMENTAL
Franco Ferrarotti 73

Conclusión 83

INTRODUCCIÓN A LA EDICIÓN ESPAÑOLA

Revisar la noción de «arte popular» tal como se planteaba en la Europa de los años sesenta del siglo pasado no sólo no es ocioso (el término «popular», siempre confuso, designa en nuestros días otras cosas) sino que resulta de gran utilidad tanto para entender la evolución de algunos aspectos de la historia del arte como para complementar nuestra visión de la producción artística de la segunda mitad del siglo XX. Tal como se presenta en este libro, la expresión «arte popular» remite a las viejas aspiraciones democratizadoras del arte, intensificadas en la década prodigiosa y que podríamos concretar, antes que nada, en un decidido anhelo de colectivización de la capacidad de crear; en una llamada de atención sobre la necesidad de poner al alcance de todos las obras de arte museables y museadas, y, por fin, en un intento más o menos efectivo de incluir entre los objetos de estudio de las ciencias del arte (otra categoría de los años sesenta) un improbable «arte del pueblo», cajón de sastre que podría incluir desde manifestaciones artesanales tradicionales hasta el diseño industrial, el graffiti, o algunas manifestaciones de la cultura de masas como el cine que, merced a la potencia de la propia producción artística, han ido integrando los relatos, cada vez más amplios, de la historia del arte.

Dos años antes del congreso celebrado en Verucchio, algunas de cuyas intervenciones recoge este libro, la Bienal Internacional de Arte de Venecia había concedido su gran premio a Robert Rauschenberg, canonizando de este modo el «pop-art», que provocaría, no obstante, reticencias significativas entre la crítica de arte europea; el contexto incluye otros aspectos de los que el «pop» es, en buena medida, un indicador: el fin de la división entre alta y baja cultura (lo que resitúa, necesariamente, aquello que se venía denominando «arte popular»), que se materializa en una simbiosis creciente (aunque no nueva) entre arte y medios de comunicación de masas (éste es el argumento de Guido Montana). A esto ha de añadirse la presencia, en la escena artística, de los realismos políticos (que pretenden colocarse al margen tanto de los realismos tradicionales como del «pop-art») y de las primeras manifestaciones de la neovanguardia (que ponen el acento en el proceso y/o en el concepto y revisan la figura del artista, convertido ahora en un teórico, más alejado, si cabe, del artesano popular). Este es el contexto en que tomará la palabra, en Verucchio, en 1966, un grupo de teóricos del arte, algunos de los cuales (Argan, Zevi, Dorfles) forman parte de la mejor historia del arte, la que no teme complementarse, o medirse, con otros enfoques. La fecha de la primera edición del libro, 1968, es bien significativa.

Las reflexiones del congreso, interdisciplinarias, multidireccionales, giran alrededor de la difícil definición de arte popular y, sobre todo, de la búsqueda de los medios para una democratización de la producción artística. Más allá de la tópica denuncia del divorcio entre el arte y las masas (tan glosado por Ortega, entre otros), el horizonte de estos autores es el de la colectivización de los medios de producción artística.

Es muy posible que, a día de hoy, una discusión sobre el tema (que revisaría términos, pero no sé si cuestiones de fondo) nos condujera de nuevo, como en 1966, a 1936, es decir a Walter Benjamin y *La obra de arte en la época de su reproductibilidad técnica*. Guido Aristarco invita cálidamente a la lectura de este texto fundamental que sitúa con absoluta corrección el arte, el cine y el fascismo; y que es de gran utilidad en una época en que se mezclan los productos culturales más exquisitos con la tele-basura, que cada día aumenta unas audiencias de las que todos negamos formar parte.

La llamada de Bruno Zevi a la participación de los ciudadanos en el proyecto arquitectónico debería servir para recordarnos que vivimos hoy en unas ciudades en las que la democracia cede terreno vertiginosamente a la especulación y la seguridad privada con la consiguiente desaparición de los espacios públicos.

Bien organizados por Francesca Fratini, complementados por unas útiles notas al pie, los textos van de lo general a lo concreto; de la noción antropológica del concepto «arte popular» a su aplicación en los ámbitos de la arquitectura, el diseño o el cine; pasando por la relación, siempre compleja, entre popular y moderno.

La intervención de Alberto Cirese, asiduo colaborador de *Avanti* y del comunista *Paese Sera*, muestra la utilidad del horizonte antropológico en la historia del arte. Más allá de la carga valorativa, romántica como el término «pueblo», que la oposición entre popular y culto pueda tener, más allá de la visión de arte popular como arte culto degradado, como arte espontáneo y/o tosco, Cirese busca una noción objetiva y autónoma del término, difícil de encontrar dada la imposibilidad «de transferir el sustantivo [arte] (con todas sus implicaciones) de un contexto histórico-cultural a otro», sería de utilidad el estudio «de la transmisión y elaboración de concepciones técnicas, estilos». La propuesta de Cirese, obvia y contundente, es, en realidad, que se estudie el arte popular como se estudia el resto de la producción artística. En los años sesenta, época de guerras metodológicas, esto podía tener importantes efectos, igual que el recordatorio elemental de que el arte es, siempre, de clase.

Ni el arte ingenuo, ni el «naíf» ni el realismo socialista son manifestaciones de arte popular, no lo son porque divulgan valores ideológicos de los grupos que detentan el poder, del que dependen. Como el arte de los niños, el arte del pueblo no tiene historia. Las alusiones de Giulio Carlo Argan a Lévi-Strauss como descubridor de la existencia de un pensamiento y una cultura –complejos– de los salvajes (algunos de los formuladores del «land-art» partirán de ahí, y de Sigfried Gideon, también reivindicado en este libro), sirven para reclamar la historia del arte sin historia; sin tales premisas no se podría entender un libro-hito para el desarrollo de la historia del arte; *La configuración del tiempo* de George Kubler, publicado en 1962. El arte popular no está al margen de los sistemas económicos, y sobre todo no está al margen de los sistemas de gusto: «la clase obrera no es sólo una clase de prestadores de mano de obra; constituye una vasta categoría de consumidores que, dado el carácter circular de la producción y el consumo, debería influir poderosamente sobre la determinación, incluida la formal, del producto».

Como han hecho antes otros, Argan pone en relación el arte popular con lo decorativo; la decoración no siempre es un añadido, frecuentemente es una pervivencia de los precedentes o una prefiguración de nuevas funciones. El historiador sugiere que, cerrado el ciclo del arte burgués, que habría abierto Giotto (la invención como factor más importante en todos los campos del saber y naturalmente, en el ámbito artístico), el período de la vanguardia, de la abstracción a la Bauhaus, podría suponer un proyecto de arte popular, con mayúsculas, una tentativa de construcción de un arte proletario. Entre la alta y la baja cultura, el técnico proyectista y el diseñador, inventores como el artista del período burgués y ejecutores como el trabajador industrial, deberían reunir las funciones directivas de la burguesía y las operativas del proletariado. Kandinsky y Klee son comunicadores de valores institucionales de una cultura de clase. La cuestión del arte popular, la salvación del arte moderno (por utilizar un término de Argan) pasa por la inserción, pendiente, del arte en la clase trabajadora: al arte de la burguesía, que ha cerrado su ciclo histórico, no ha sucedido un arte del pueblo.

La historiografía marxiana, la fenomenología de Husserl, los análisis de Jung sobre el inconsciente colectivo, el estructuralismo de Saussure o Lévi-Strauss son tentativas de fundar el arte moderno como arte popular, por necesidad y por elección histórica.

Una cosa es la arquitectura popular moderna y otra la arquitectura popular en el sentido tradicional del término, identificable con la arquitectura rural (desde los modelos más normalizados a otros exóticos como las viviendas rupestres o los trullos italianos, edificaciones circulares de piedra con cubiertas cónicas, similares a otros modelos europeos); el término popular, dice Zevi, debe vincularse al uso al que se destina el edificio. La cuestión de una arquitectura popular moderna pasa por un estudio de la disolución del racionalismo, que tiene que ver con la presencia del «pop-art» como la revalorización del expresionismo y del surrealismo, o la formulación de los brutalismos. Zevi constata la impopularidad de la *Villa Saboya*, de Le Corbusier («espléndido prisma clasicista y autosuficiente») frente a la popularidad de las casas inalcanzables, pero proyectadas desde la premisa de «para cada hombre un estilo», de Frank Lloyd Wright. Una arquitectura popular pasaría por unas relaciones diferentes entre el arquitecto y el usuario, una arquitectura popular sería, de este modo, una arquitectura democrática.

A las saludables exigencias de Bruno Zevi responderá, desde la práctica arquitectónica Adriano Viganò. Lo hará constatando la complejidad del tejido social sobre el que actúa la arquitectura; al producto, al usuario, habría que añadir la creación y el componente pedagógico del arte: la intervención del arquitecto (y por extensión del artista) viene estimulada por una voluntad de modificación de una tipología que debería materializarse en una contribución generalizable. Attilio Marcolli argumentará la necesidad de conducir al funcionalismo a una nueva artisticidad.

El interrogante de si el diseño industrial es el arte popular de nuestros días recorre la intervención de Gillo Dorfles. En todo caso, el diseñador no es el artesano de nuestros días (ni tiene nada que ver con el papel que el artesano y/o el artista tenían en el seno de los pueblos aborígenes), es alguien anónimo, pero hay una relación, estética como de fruición, entre el arte del diseño y la, llamémosla así, alta producción artística. Una relación que era especialmente evidente, Dorfles supo verlo, en la presencia del «pop-art», cada vez más evidente en los años sesenta. El estudio del diseño (estético, sociológico, antropológico) resultará crucial para una reflexión sobre el arte popular, y su relación con la sociedad industrial cuyos procesos productivos, por otra parte, se encuentran en manos de una minoría, por eso Piero Raffa plantea una actitud más bien pesimista.

¿Es la industria cultural un elemento generador de arte popular? Es la instancia que ha reunido al arte y al público, que ha acabado con el divorcio entre obra de arte y público, desde luego en términos no previstos por Ortega, entre otros, pero obviamente, la industria cultural (dedicada, en parte, a la producción de tele-basura, que es algo que ni Benjamin ni nuestros autores pudieron prever) no se rige por principios democráticos. Frente al rechazo de la mímesis por el gran arte, la cultura de masas ha hecho de ella su principal argumento, muy visible en la historieta, cuya estética, no hay que recordarlo, ha transferido Lichtenstein al cuadro (único). ¿Es esto lo que transfiere una noción de esteticidad a los «*mass media*», como sugiere Guido Montana? Podría ser al revés.

Que Francesca Fratini decidiera dejar para el final la perspectiva sociológica no es extraño, porque como dice Franco Ferrarotti, «la expresión "arte popular" es especialmente adecuada al perfil del sociólogo». Experto en las ideas de Veblen sobre la clase ociosa y su consumo suntuario, que explican algunos de los mecanismos del mercado artístico, Ferrarotti subraya el carácter social de la creación artística como el sentido dialéctico de la relación entre arte y sociedad, que no es estática, sino que se va reconfigurando. El estudio de esta relación compleja será el objetivo prioritario de la sociología del arte, que Ferrarotti parece entender en un sentido parecido al de Pierre Francastel.

Al fin, la noción de arte popular, como el estudio de la producción artística popular, una vez situada y definida (lo que no parece fácil) es un objeto de la sociología del arte, que nos habla de las relaciones socioeconómicas de la obra de arte, de su lugar en la superestructura y de la repercusión que todo esto tiene en el precio, en la condición de la obra como valor de uso y de cambio, como reflejo social.

El término «popular», lo decíamos al principio, es un término vacío de contenido, asociado a la derecha política como folklore disecado. El estudio del arte popular se ha asociado demasiadas veces a la invención de identidades colectivas, pero las posiciones que presenta este libro son radicalmente diferentes. Sus autores pensaron, cuando la revolución parecía posible y deseable, en la necesidad ineludible de democratizar el arte, algo que hoy sigue siendo vigente y necesario para responder afirmativamente la pregunta que recorre este congreso y una parte sustancial de la obra de su principal animador, Giulio Carlo Argan: si el arte moderno es popular. La pregunta puede hacerse de modo más directo: ¿hay alguna posibilidad de que las masas puedan acceder a un arte que, por derecho propio, les pertenece?

Julián Díaz Sánchez

INTRODUCCIÓN

El problema del arte, de la supervivencia y de la función del arte en el mundo contemporáneo, es uno de los problemas más discutidos de la cultura de hoy, no sólo en el ámbito de los especialistas, de los críticos, sino en todos los ámbitos. La incomunicabilidad y la dificultad de comprender «el arte moderno» ha hecho que la mayoría renuncie a cualquier intento de acercarse a los fenómenos artísticos y, como consecuencia, se ha planteado en términos más o menos angustiosos y apocalípticos el interrogante sobre la función del arte en la sociedad actual, cuando no se ha recurrido además a la profecía hegeliana de la muerte del arte. Ahora bien, si tampoco hay duda de que los fenómenos de carácter estético están todavía presentes de forma masiva en la, así llamada, «sociedad de la imagen» bajo la forma de los «mass media» (cine, televisión, publicidad, carteles, tebeos, etc.), el problema principal que se proponía resolver el XV congreso de Verucchio era el de la posibilidad de comunicación de los fenómenos que se llaman «artísticos» por antonomasia, y de descubrir si estos fenómenos tienen o no (al menos a escala internacional) un carácter popular.
En la inauguración del congreso Argan ha precisado:

«¿Por qué hemos escogido el tema del arte moderno popular? El tema ha surgido de las discusiones del año pasado que trataban sobre el argumento: arte y comunicación. Obviamente, hablando no sólo de la comunicabilidad del arte moderno, sino también de su planteamiento, teóricamente, como comunicación, se planteaba, como consecuencia, el problema del horizonte, del área de esta comunicación. Por tanto, estaba perfectamente justificado preguntarse si esta comunicación es una comunicación que tiene lugar en el área completa de la vida social o es una comunicación sectorial [...]. Por consiguiente, el primer problema que nos hemos planteado es este: ¿es o puede ser el arte moderno, totalmente o en parte, "arte popular"?
Punto segundo: dado que se habla de comunicación de masas y se aísla uno de los problemas fundamentales de la estética y de la teoría del arte contemporáneo en la posibilidad o no de que el arte se transmita a través de los

«mass media», era inevitable preguntarse si aquello que se llama «cultura de masas» y que es un fenómeno incipiente puede considerarse o no una cultura popular en el sentido que toma generalmente este término en nuestro discurso.

Tercer punto: ¿Qué se entiende verdaderamente por arte popular; qué puede ser arte popular moderno; en qué condiciones, por tanto, puede el arte moderno alcanzar las condiciones de una divulgación de masas a la que acompañe aquella determinación histórica que permitiría llamarlo "arte popular" y no sólo "arte de masas"? Es decir, nos preguntamos si la voluntad de rescatar este término, que tiene tan mala fama, de arte y cultura de masas y convertirlo en arte y cultura del pueblo tiene alguna posibilidad o es una mera utopía.

¿Qué es lo que confiere hoy una actualidad particular al problema del arte popular? –ha concluido Argan– No, ciertamente, el hecho de que el artesanado popular esté en vías de liquidación, que esté desapareciendo (nos puede no gustar, pero no tanto como para desesperar por ello del destino de la humanidad), sino porque pensamos que aquella clase social que llamamos popular es portadora de fuerzas cuya inversión en la actividad artística no sólo puede producir valores, sino que también puede ayudar a la cultura artística actual a superar una innegable situación de crisis».

Hemos considerado oportuno presentar las contribuciones individuales a la discusión reagrupadas según problemas para permitir al lector una consulta más fácil del texto. El libro se abre con la relación de Alberto M. Cirese, profesor de etnología, que inicia la discusión planteando el problema de qué es lo que se entiende por «arte popular»; aclarando los términos y el desarrollo histórico de este concepto. A la introducción general de Cirese sigue el discurso de Giulio Carlo Argan, promotor de la reunión, que introduce el problema de manera más específica en lo que se refiere al arte moderno como arte popular. La relación de Argan identifica, además, dos líneas fundamentales de la discusión, que serán desarrolladas en capítulos relacionados: los de la arquitectura y el diseño industrial. Los otros capítulos propondrán respuestas diversas a las cuestiones principales del congreso. [...]

Francesca Fratini

1. POR UNA NOCIÓN CIENTÍFICA DE ARTE POPULAR

ALBERTO CIRESE

La noción de «arte popular», si significa algo, implica una distinción: evidentemente la distinción entre aquello que es o se considera «popular» y aquello que no lo es o no aparece como tal y, sin embargo, es (o se juzga como) «culto», «aristocrático», «elevado» o como se le quiera llamar. De este modo nace el concepto, durante la primera época romántica,[1] en el campo de la literatura y más específicamente de la poesía, donde precisamente se contrapone aquella que es «popular» a aquella que es «artística». Y cuando, más tarde, la aplicación del adjetivo y del concepto se transfirió de la poesía a los productos figurativos, el carácter y el valor, digamos, de oposición o diferenciador de esta noción permaneció sustancialmente inalterado.

Hoy, aun desde tanta distancia temporal, todas las dificultades que implica la noción y todos los frutos que esta puede producir, a mi parecer se encuentran directamente ligadas precisamente a esta distinción, o incluso contraposición, entre «popular» y «culto».

Las dificultades nacen sobre todo de la carga afectiva y valorativa que siguen conservando los dos términos de la oposición como herencia permanente del planteamiento romántico original, de sus fuertes raíces positivistas y de la polémica antipositivista y antirromántica. Las dos primeras fases son «populistas» y, por tanto, exaltan el término «humilde» de la contraposición: «poesía popular» (o «arte»: la posición y la sustancia no cambian, cambiando el terreno específico de aplicación), «poesía», por tanto, popular como valor auténtico y poesía «de arte» o culta como artificio y, por consiguiente, no-valor, o valor sólo en la medida en que permanece ligada, por

---

1. En una intervención sucesiva, Cirese ha precisado más su posición definiendo también el concepto de pueblo: «la noción de pueblo, como la de poesía popular (después convertida en arte popular) ha nacido con el romanticismo». En particular, Cirese recuerda la carta de Berchet de 1816, en cuyo centro está «la noción de poesía popular, no como producto del pueblo, sino como producto de hombres cultos que saben hacerse eco de los sentimientos del pueblo y que saben hablar el lenguaje que viene directamente del pueblo. ¿Qué es el pueblo para Berchet? Es la clase media renacentista [...] y este pueblo no es la gente que va a los cafés, no son los habitantes de las últimas casuchas abandonadas, sino los ciudadanos de abajo, de abajo hasta el artesano que se hace las botas, ahí termina el pueblo; es, por tanto, un grupo social bien identificado y Berchet escribía sus poesías para este público, que las recibió, las disfrutó y su arte, en relación con aquel pueblo al que se dirigía, se convirtió, y era, arte popular, en el sentido en que era arte inmediatamente comprendido y disfrutado por el pueblo el cual, sin embargo, llega sólo hasta el artesano».

inspiración y por destino ideal, a la poesía popular. «Aristocrática», por el contrario, es en general la reacción al romanticismo en sí, que se prolonga en el positivismo: reevaluadora y exaltadora del término noble y alto de la oposición y, por tanto, de la función de la alta cultura.

¿Estamos verdaderamente libres, también en cuanto a la actitud no consciente y no racionalista, de las prolongaciones (que a mí me parecen indebidas) de esta afectividad y de estas posiciones valorativas? No importa ahora de qué parte se haya decantado uno; no importa que se esté entre los «ingenuos» (que son frecuentes, sobre todo, entre los llamados folcloristas) que creen en la espontaneidad y la inmediatez del arte (o de la poesía) popular; o que se esté entre los aguerridos refinados que, para mostrar su autoridad, escriben, como hizo precisamente Bernard Berenson hace diez años: «Yo jamás he visto una obra de arte visual popular que no fuese la copia de una copia de una copia de algo profesional o clásico que, después de haber sufrido las degradaciones sucesivas introducidas de los diferentes copiadores, junto con la originalidad de la incompetencia, haya alcanzado, en el objeto examinado, la pueril e infantil expresión del alma del pueblo» (en *Corriere della sera*, 22 de marzo de 1956). No importa, repito, que se esté originariamente con Berenson o con los que aprecian la originalidad de la incompetencia, o que, quizá, creen totalmente en la originalidad popular. El hecho es que, en un caso y en el otro, se aprecia, se valora, se privilegia: el que se haya escogido el término humilde, como en los «populistas», o el culto, como Berenson, es absolutamente secundario respecto al tipo de operación que se lleva a cabo. Se trata siempre de una operación de valoración y, por tanto, de una operación que no puede sino ser, en cierta medida, a-dialéctica, centralista, exclusivista, en una palabra, ideológica en el sentido más específico del término. En un caso y en el otro se asume que el valor o los valores, escritos con mayúsculas, es o son únicos, eternos, universales; y también cuando no se colocan dentro de cualquier metahistoria, también cuando se consideran productos históricos de un camino histórico, se les atribuyen con seguridad una función intangible y permanente. Es este, precisamente, si no me equivoco, el carácter propio de la ideología (en sentido estricto, marxista) que consiste precisamente en asumir como valores universales y supremos los contenidos históricos concretos de la propia condición histórica los cuales, sin embargo se originan necesariamente en la propia situación personal y de grupo en el seno de la propia época.

Pero no quiero detenerme demasiado en discursos que van mucho más allá de mi estricta competencia y dejo a los amigos filósofos y sociólogos *attitrés* toda la cuestión general. Sin embargo, es cierto el hecho de que la noción de arte popular se sitúa en estricta correlación con la noción de arte culto y que, todavía hoy, la correlación no es en general neutra o neutral, sino valorativa. En esta valoración está la causa (o una de las principales causas) de la dificultad y del equívoco. No porque no se deba valorar: la historia está hecha de elecciones y, por tanto, de valoraciones y la ideología, al menos en todas las sociedades conocidas históricamente, aparece como una componente constante: no se hacen guerras sin banderas. Pero el hecho es que la valoración, en el caso de la noción de arte popular, no se sigue, sino que precede a la noción misma. Para los ingenuos populistas, lo que cuenta es la llamada «espontaneidad» y sobre esta elección del gusto basan la noción del arte popular como arte «espontáneo». Para los otros, cuenta todo lo que ya se sabe (por ejemplo, citando de nuevo a Berenson, «la manifestación súbita [...] que no se da nunca entre las mudas y obtusas masas, de nuevos modos de sentir, de ver, de expresarse con la voz, la pluma o el lápiz»); y en esta elección basan la idea de arte popular como arte degradado y, en definitiva, como no-arte.

Naturalmente, en semejante terreno la cuestión se embarulla. El único modo sabio de resolverla sería entonces el que usa un amigo, literato y hombre de buen gusto, que una vez cortó una discusión de estas, es decir, sustancialmente valorativa, exclamando que, en el fondo, era «sólo una cuestión de...» y señaló con el índice al paladar. Como consecuencia, cada uno se queda con el paladar que tiene, o que se ha hecho históricamente, y en su casa cuelga lo que quiere. Y si pone allí, digamos, exvotos, es decir: copia de la copia de la copia, con lo que eso conlleva, es su problema; y será juzgado de acuerdo con el gusto de sus visitas. Y hoy en día, quizá, habrá más juicios favorables que de los otros, si es verdad que la situación es la que se expresaba en ciertas líneas periodísticas, pero no por ello menos representativas, de Lionello Venturi. Este, a pocos días de distancia del artículo de Berenson que he citado, escribía:

> «Cuando se habla de arte popular se ven objetos de formas no conseguidas, con dibujo incorrecto y, a menudo, con colores que no pasan de ser manchas. Y, sin embargo, son de una fascinación que no es fácil explicar. Quizá sean objetos a la vez ingenuos e ignorantes y la ingenuidad tiene su atractivo, mientras que la ignorancia repele como una culpa. Por eso los medio cultos desprecian por sistema todo arte popular, por el orgullo de su propio saber. Pero la gente culta y refinada sabe apreciar la ingenuidad y soporta la ignorancia, que además no es difícil de reparar» (en *L'Espresso*, 25 de abril de 1956).

¿Pero es posible salir de este sospechoso terreno del gusto y mal gusto? ¿La coloración afectiva y la implicación valorativa son coesenciales a la distinción-oposición entre «arte popular» y «arte culto» o, por el contrario, son accidentes que pueden dejarse de lado? ¿Y qué es lo que queda en pie de la noción de «arte popular» cuando el adjetivo no significa ya ni exaltación ni desdeño?

El problema, al menos en el terreno en el que me muevo, por decirlo así, profesionalmente, es, decir, el estudio del problema de los desniveles de cultura en el interior de las sociedades que se tienen por superiores, es precisamente este. Y en mi campo creo que no sólo se puede, sino que se debe neutralizar por todos los medios la noción, librándola de toda carga valorativa consciente o inconsciente y, como consecuencia, redimensionando (y, por tanto, relativizando e historizando) las propias connotaciones psicológicas que se entienden corrientemente como propias de alguno de los dos términos.

Se habla (naturalmente a propósito del arte popular) de espontaneidad, inmediatez, ingenuidad, incultura, ignorancia, naturaleza. ¿Pero son verdaderas estas características, positivas o negativas? ¿O no son, por el contrario, el efecto de la perspectiva que nace del punto de vista desde el cual nos disponemos a observar?

El que el arte y la poesía que se llaman «populares» sean «naturaleza», es decir, contacto inmediato con los movimientos internos y las exigencias externas, como pensaban y escribían los románticos, queda completamente excluido. Esa inmediatez es mítica, si es verdad que el hombre, desde que es hombre y habla, siempre ha filtrado su propia relación con los movimientos internos y con las exigencias externas a través de un espejo de «cultura»: el de la situación histórica propia y, por tanto social, económica, lingüística. También aquello que a nosotros nos parece el más informe y bárbaro balbuceo es «lengua», es decir, filtro cognoscitivo de la realidad y, por tanto insuprimible elemento condicionante e histórico. Y, entonces, si ni el arte o la poesía popular ni la infantil o la primitiva o la salvaje son «naturaleza», no pueden ser otra cosa que «cultura» sustancialmente del mismo modo en que son «cultura» el arte o la poesía de las élites.

Naturalmente, en este caso la noción de cultura ya no es aquella corriente que realiza siempre una selección, cualquiera que sean los contenidos específicos que se quieran privilegiar; aquella que establece siempre, y en general para la eternidad, qué está *in* y qué está *out*. Y lo que está *out* es inmediatamente «no cultura» y, por tanto, «ignorancia» y cosas así. En verdad, si se abandona este terreno de selecciones y opciones, se arriesga muchísimo: por ejemplo, situar en el mismo plano (o mejor, sentar a la misma mesa) a los vegetarianos y a los antropófagos y, tal vez, dar más importancia a los antropófagos, si es verdad que la función histórica asumida por la institución del canibalismo ha sido de entrada mayor que la que ha asumido, al menos hasta ahora, el vegetarianismo. Se arriesga mucho, también en el campo de cosas importantes o incluso sagradas. Pero, al mismo tiempo, se nos libera de culpas (no del riesgo de culpas: de culpas cometidas casi cotidianamente) como las de dividir, en las cosas pequeñas y grandes, en el gusto del vestir o en el color de la piel, el mundo en *out* e *in*.

Pero dejemos de lado otra vez los discursos más generales y volvamos al arte popular. Si es también un producto concreto e históricamente determinado de la actividad de hombres que, como todos, poseen un horizonte de conocimiento y de ideas, un patrimonio de técnicas y una tradición de estilos; de hombres que, como todos, filtran a través de su propia condición histórico-social (es decir, cultural) la introspección y la experiencia externa; si, por consiguiente, también el arte popular es «cultura», entonces también los otros adjetivos con los que se le califica pierden su carácter absoluto. ¿Ingenuo? Es cierto, si se le relaciona con la situación cultural de observador culto. ¿Pero cuál de los pastores que tallaban un bastón (y que todavía lo tallan en situaciones histórico-culturales diferentes de la nuestra) diría de sí mismo, o de su compañero y del trabajo que hacían o que están haciendo, que son «ingenuos»?[2] La ingenuidad, igual que la ignorancia, o la incompetencia o similares, aparece en relación a la situación del observador y no en relación a la situación histórica del objeto realizado.

El problema entonces, al menos desde el punto de vista en el que me pongo yo, que probablemente no es el que desearían los historiadores del arte, es el de identificar las situaciones históricas en las cuales se producen y se consumen tales objetos hechos a mano. Estos, precisamente porque provocan juicios como el de «ingenuidad» o de «ignorancia», dan testimonio y expresan condiciones, concepciones y comportamientos que no son (o no son ya) los nuestros; que son «otros» en su relación con el mundo de los «nosotros».

---

2. Cirese precisará: «si ningún artista popular se define como ingenuo (somos nosotros los que lo definimos como ingenuo), puede suceder que el artista popular se defina como ignorante, porque sabe que hay otro término; pero precisamente en el momento en el que se autodefine ignorante establece una contraposición y una distinción, se reconoce o se reconocía, se califica o se calificaba, en estas cosas».

En este sentido pienso que la distinción o contraposición que implica necesariamente la noción de arte popular da frutos positivos. No supone un gran esfuerzo, ni creo que sea muy productivo, usarla sólo para decir que este o este otro objeto «popular» es bello o feo, significativo o insignificante *para nosotros*, para nuestros gustos, nuestras costumbres visuales, nuestra condición sociocultural. En vez de eso, se requiere un esfuerzo de inteligencia histórica bastante más productivo para darse cuenta de *si* y *por qué*, en condiciones históricas diferentes a las nuestras, este o este otro objeto parece u aparece como valioso. Es el esfuerzo de superar los límites etnocéntricos, el exclusivismo cultural, la cerrazón ideológica en el mundo de los «nosotros». Y nos conduce a una meta posible pero no obvia: la plena conciencia de las estratificaciones de los desniveles de cultura (poesía, arte, concepciones, comportamientos) también en el seno de nuestra propia sociedad «occidental», que es el centro, como se sabe, del universo.

Si después se avanza bastante más allá en semejantes experiencias, se termina por ver que el equívoco sobre la noción de arte popular no se produce sólo por las cargas afectivas positivas o negativas que se ligan al adjetivo «popular»; sino también al sustantivo «arte». ¿Es de verdad legítima la operación, que realizamos habitualmente sin reflexionar ni siquiera un momento, de transferir el sustantivo (con todas sus implicaciones) de un contexto histórico-cultural a otro, confiando en que permanezca sustancialmente inmutable? En verdad las experiencias menos superficiales que se han ido teniendo de las llamadas artes primitivas (quiero decir de la Prehistoria) y las etnológicas o, si preferís, de los salvajes, nos vuelven generalmente cautos ante estas transferencias. Ya sabemos bien que, entre grandes distancias históricas, no sólo cambian los ideales específicos de las artes, según los cuales una sociedad puede mirar tranquilamente a lo «horroroso» (para ser más exactos: a aquello que nos parece horroroso) y otra a, yo qué sé, lo «clásico»; sino que también cambia el lugar y la función sociocultural de lo que llamamos arte (o poesía o similares). Existen en verdad en todas las sociedades tipos de comunicación específicamente cualificados que se destacan de la comunicación corriente por ciertas reglas de formación. Pero no es del todo cierto que ese tipo de comunicación específica, esa actividad formativa especial que es entre nosotros el arte (en sentido general), encuentre su correspondencia exacta en todas las sociedades que han existido hasta ahora. Basta pensar en la interpretación de las pinturas rupestres de la Prehistoria y en la dificultad de distinguir en ellas las intenciones, digamos, «artísticas» (y, por tanto, idénticas o similares a los que nosotros consideramos como tales) de las intenciones «mágicas», o como se quieran llamar. En otras palabras, cuando se entra en relación con situaciones históricas que son «otras» respecto a la nuestra, hay que extremar la cautela crítica al emplear nociones clasificatorias y categorías interpretativas construidas dentro de nuestra historia.

No quiero decir que la distancia entre nosotros y los productos que llamamos populares sea la misma que hay entre nosotros y los bosquimanos o los aranda. En relación con ellos existen desniveles de cultura «externos» a nuestra historia, mientras que con el mundo popular existe, si acaso, un desnivel «interno» a nuestra sociedad y, por tanto, es partícipe de su historia aunque en menor medida, como oposición, de forma subalterna. Aun así, este mundo de condiciones y comportamientos llamados populares es diferente de aquel otro hegemónico y oficial: si no fuese así no hablaríamos de él con una adjetivación específica y no estaríamos aquí hoy discurriendo sobre el «arte popular». Y por eso son necesarias al menos un mínimo de duda y cautela crítica, también cuando empleamos la noción de «arte» a propósito de aquel contexto cultural que llamamos popular. No diré que haya que evitar necesariamente el empleo del término (que sería deseable, además, desde ciertos puntos de vista y en ciertos casos); pero, al menos, no habrá que dar por seguro que en cada caso la coincidencia extrínseca de los tipos de formación de las comunicaciones cualificadas impliquen inmediatamente coincidencia de intenciones e ideales expresivos.

Por consiguiente, el análisis de la expresividad popular debería hacerse desde dentro y no desde fuera. Desde fuera se ve que todo es copia de una copia de una copia de un producto profesional cualificado pero, desde dentro, ¿qué sentido tiene, por ejemplo, en la ornamentación, ese constante repetirse de los motivos, o aquel variar de la inventiva, no en busca de innovaciones, sino para seguir por el surco de una tradición?

Aquí tocamos uno de los problemas técnicos fundamentales en el estudio del arte popular: el de la transmisión y elaboración de concepciones técnicas, estilos. La investigación ha avanzado bastante en lo que se refiere a la formación de lo que llamamos corrientemente poesía. Han salido a la luz tradiciones estilísticas y procesos de elaboración y se han mostrado, no sólo técnicas empleadas a veces muy conscientemente, sino también poéticas implícitas muy distantes de aquellas que nos son familiares y que frecuentemente consideramos como las únicas legítimas. No creo que se haya hecho lo mismo en el campo de las formaciones figurativas llamadas populares. Quizá se den dificultades objetivas, por la mayor rareza de los productos (casi todo el mundo puede cantar, pero no es igual de fácil esculpir o colorear); también puede que los fenómenos que se encuentran en el campo de la poesía no existan en el campo de las artes visuales. Pero esto es algo que hay que examinar y creo que habría que hacerlo urgentemente.

Puede ser que una investigación emprendida de este modo ilumine, en el campo de los productos figurativos (y de nuevo pienso en la ornamentación) lo que se ha revelado ya bastante claramente en el campo de las formas poéticas. Es decir: el reconocimiento de sistemas, de lógicas subyacentes o, si se quiere abusar todavía más de la palabra, de estructuras. Puede ser, en definitiva, que se perciba que, como no tiene sentido aplicar a la poesía popular el análisis historiográfico que llamaré individualizador, es decir: que investiga fenómenos irrepetibles, únicos, emergentes de la media y significativos precisamente por su irrepetibilidad individual, así también en el campo del arte popular la investigación, para encontrar hechos significativos, deba dirigirse a lo repetido y repetible y a las normas que regulan esta repetibilidad.

Esto es exactamente lo contrario de lo que a otros parece indispensable cuando se trata de arte, donde lo que cuenta parece ser lo que diferencia a los artistas y hace a cada uno ser sí mismo e irrepetible. Pero esta es precisamente la conclusión, espero que lógica, del discurso que aquí se ha intentado: en la dimensión histórica que llamamos «popular», el arte, si existe, es otra cosa. Las intenciones explícitas y subyacentes parecen diferentes. Y si el repetir cuenta bastante más que el inventar, entonces es una tontería lamentar que no haya lo que por definición no puede haber: el objeto preciso de la investigación debe ser el repetir y no el inventar. Con todo lo que conlleva: los sistemas y sus normas conscientes e inconscientes; transformaciones o persistencias de sistemas; razones, este es, tal vez, el punto esencial: la permanencia en nuestro propio cuerpo de civilización de intenciones y de realizaciones expresivas que difieren tanto de las nuestras; tomar plena conciencia, en definitiva, de la existencia de «otros» niveles de cultura y de la relatividad de cada uno, incluido el nuestro. A mi parecer, este es uno de los modos más provechosos de caminar hacia aquel «universal» del que tan a menudo se ha hablado o se habla al aproximarse a los hechos artísticos.

Lionello Venturi, en una comunicación en un congreso internacional de arte en 1930, toma como tema las relaciones (y, por tanto, los criterios de diferenciación) entre Rafael y Cimabue por una parte y, por la otra, la *imagerie* de Epinal, escogida como «tipo» de arte popular. Dedujo que la diferencia entre las imágenes de Epinal y de Rafael se encuentran, por una parte, en el conocimiento de la perspectiva y la anatomía que Rafael tiene

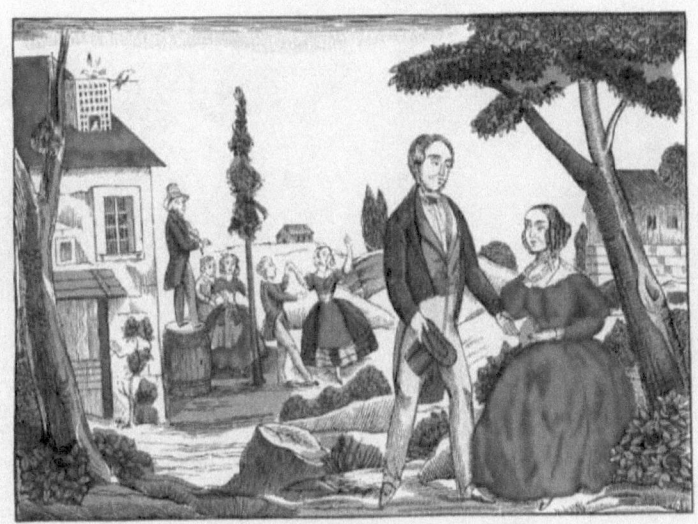

Los placeres de la primavera, imaginería de Epinal.

y Epinal no y, por otra parte, en la diferencia de tono psicológico; elevado y complejo el de Rafael y elemental en la *imagerie* de Epinal (Croce, citado específicamente, había escrito *Poesia popolare e poesia d'arte* el año anterior). Pero ¿y Cimabue y Epinal? Según Venturi, ambos carecen de anatomía y de perspectiva (y cito textualmente): «Dios está presente en la Virgen de Cimabue, no en las imágenes de Epinal» y Dios, explica Venturi, significa el sentido de lo universal». En otros términos, Cimabue superaría el gusto de su siglo, los condicionamientos de nación y de religión: la *imagerie* de Epinal, por el contrario, estaría ligada a su lugar de origen, a la clase social, al periodo histórico: le faltaría el carácter de universalidad.

El razonamiento parece inaceptable en lo que se refiere a la distancia entre Cimabue y Epinal: el radio de los dos horizontes culturales y expresivos es, sin duda, diferente, y muy diferente. Donde el razonamiento parece menos convincente es donde se afirma que a Epinal le falta el sentido de universalidad, que, viceversa, tendría Cimabue: lo tendría hasta el punto de superar todo condicionamiento de tiempo y de lugar. ¿No sería más lógico y más exacto decir que, puesto que tenían las mismas intenciones

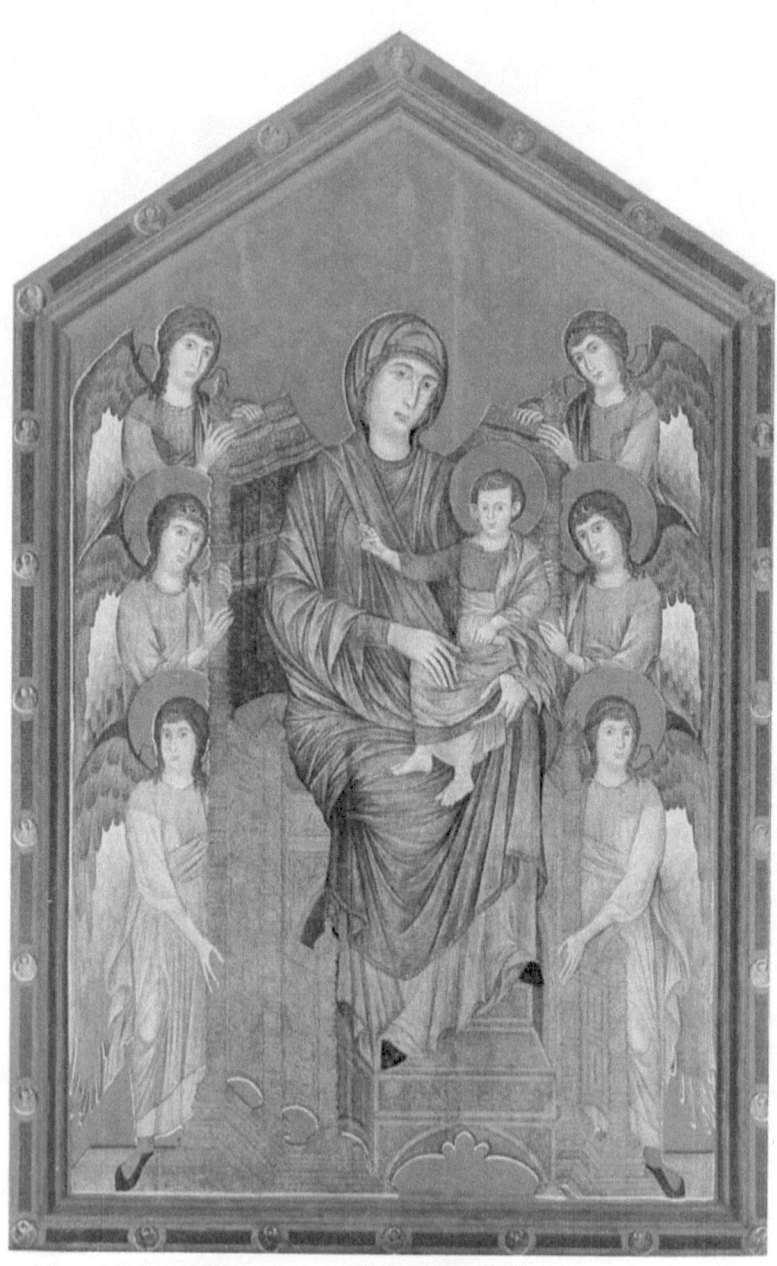

Cimabue, *Maestá*, témpera sobre tabla, 1270 aprox., Louvre, París.

expresivas, tanto Epinal como Cimabue expresan aquella universalidad que podían concebir sus respectivos ámbitos culturales y sus respectivas capacidades personales? ¿No sería más lógico y más verdadero decir que ambos están ligados a su propio tiempo y a su propia condición, que no hay hombre o, si queréis, artista que se mantenga suspendido en el eterno, sino que todos, incluido Cimabue, están en lo contingente, aún con fuerzas y radios de acción diferentes? ¡Todos son expresión de los condicionamientos de religión, de nación, etc., que se sufren o ante los cuales se reacciona, pero de los que no se prescinde nunca!

Si, por tanto, sirviese para enseñarnos que un valor no se convierte en universal y eterno (esto es: fuera de la historia) sólo porque es nuestro y sólo porque nos reconocemos en él; si sirviese, aunque fuese sólo para esto, creo que el estímulo a la reflexión proveniente del llamado arte popular y de su oposición no-valorativa al arte culto asumiría una función esencial.

Pero temo que las observaciones que he intentado presentar no serán de mucha utilidad a quien se ocupe de problemas histórico-artísticos en sentido estricto. Por suerte (mía y, sobre todo, de los pacientes oyentes) no soy el único en hablar.[3] Y por eso he creído necesario exponer la cuestión del modo

---

3. Referimos brevemente un resumen de algunos pasajes de la segunda intervención de Cirese en la que se considera más específicamente la posibilidad de un arte popular «moderno»: «En el arte popular de tipo tradicional, llamémoslo «folk-art» para entendernos, se daba una ejecución personal del objeto hecho a mano o, por lo menos, de gran parte de los objetos, la alfombra, la manta, el tejido, el artesanado doméstico, etc.; existía una relación directa entre el comitente y (en el caso que no se realizase personalmente el trabajo, como el bastón del pastor) el ejecutor; e incluso si tenía lugar la intervención formativa, digamos retórica, según ciertas reglas que el comitente podía no conocer, se daba, sin embargo, la pertenencia a un horizonte cultural estilístico fuertemente homogéneo; existía un tipo de tecnología preindustrial, para entendernos.
Hoy en día no existe la ejecución personal (el sustituto es el «hágalo usted mismo», el sustituto es el Tintal, el Ducotone y cosas así). No existe relación directa entre el comitente y el ejecutor; no es posible mantener, está claro, la tecnología preindustrial. Sería ridículo; hoy en día, sin embargo, esta tecnología continúa existiendo, pero con una condición: la de ser un producto para las élites, y élites adineradas, porque, hoy en día, los zapatos hechos a mano ya no son un producto de consumo popular, la alfombra tejida a mano es un producto de gran lujo. ¿Qué nos queda? La gran fruición del diseño industrial, de la arquitectura, del cine. Hoy en día, por desgracia, el diseño industrial, que podría convertirse en un tipo de objeto de producción masiva y de gran calidad y fruición, se subordina a la ley del beneficio económico. ¿Existe una relación directa con el ejecutor? Sí, es verdad: tiene razón Dorfles cuando dice que, en un cierto momento, el diseñador que produce la línea del Seiscientos o de la J.M.3 está en alguna medida influenciado por nosotros, que le hemos presionado como opinión pública. Es verdad pero ¿en qué medida? Creo que una expresión de este tipo ha conseguido llegar a las revistas, por lo menos, ha conseguido llegar suficientemente a las revistas femeninas, donde se han realizado encuestas sobre qué pedía el público y si se le satisface adecuadamente, pero con mediaciones que no tienen absolutamente nada que ver con la relación que existía anteriormente; y también, cuando se habla en arquitectura de que debe existir «un estilo para cada hombre» (Zevi), debería poderse contratar a un arquitecto para construirse una casa y, en cual-

en que se plantea a quien no trabaja como historiador o como crítico de arte, sino que se ocupa de historia y de morfología de la cultura, entendiendo la cultura, no como patrimonio exclusivo de ciertas épocas, de ciertos grupos o clases, de ciertos individuos, sino como la totalidad de los productos de la actividad humana. Este es un modo de aferrar, o de intentar aferrarse a lo universal.

---

quier caso, incluso si la inteligencia, la apertura cultural de los arquitectos fuese tal que llegasen a comprender esta necesidad efectiva, nos encontraríamos frente a una programación creada independientemente de la posible petición.

Cuado hablamos de «arte popular» en el sentido de un arte que pueda dirigirse, que pueda ser disfrutado por la mayoría y que sea cualitativamente elevado (porque también está esto), debemos pensar dónde encontrar a los destinatarios de ese arte. Cuando hablamos del pueblo, hoy en día en Italia, recordemos que no nos encontramos frente a una sociedad moderna, sino frente a una sociedad muy heterogénea, no me refiero a las condiciones sociales (que también importan, evidentemente); lo importante es que es muy heterogénea, muy desnivelada desde el punto de vista cultural. La penetración en la sociedad, la penetración real de toda una serie de problemas, de hechos científicos, de toda una serie de dramas de la sociedad moderna, se ha frenado llegada a un cierto punto. Nuestra educación artística, por ejemplo en las escuelas, nuestros hábitos auditivos, etc., se han frenado en un cierto punto y tampoco siguiendo líneas de desnivel social, sino siguiendo líneas aleatorias, que son el resultado de la casualidad y el caos en nuestra organización de formación cultural y, entonces, cuando hablamos del pueblo, debemos ponernos de acuerdo sobre lo que queremos. Al contraponer, hoy en día, un arte popular a un (no) arte de «masas» se pueden correr dos riesgos. El primero está en concebir el contraste en términos de «calidad estética», permaneciendo prisioneros de concepciones etnocéntricas sobre lo que es o debe ser la «calidad estética» y, ser, por tanto, esclavo de los mismos condicionamientos de los que es expresión y matriz la producción «en masa». El segundo es el de admitir como hipótesis la existencia de un cuerpo culturalmente homogéneo (el «pueblo», precisamente) que en realidad no existe, porque la sociedad, en realidad, está surcada, no sólo por desniveles, por las oposiciones y por la pluralidad cultural cuya entidad y características viene demostrada por la investigación demológica, sino también por nuevas oposiciones y laceraciones. Por lo que nos preguntamos si, al hablar de «arte popular hoy» como alternativa a los modelos culturales de masas impuestos por los centros de decisión y de poder, no deba proponerse, al menos como hipótesis de trabajo, el problema del «pueblo-clases», en vez del «pueblo-nación» que parece necesitarse bastante menos.

2. EL ARTE MODERNO COMO ARTE POPULAR

GIULIO CARLO ARGAN

No hay nada ambiguo en la noción de arte popular.[1] Presupone, para comenzar, la noción opuesta, pero totalmente complementaria e integradora, de arte culto: docto o ignorante, el arte es siempre arte, expresión, como dicen, de una necesidad primordial e insuprimible del espíritu humano. Se añade una tercera categoría, el arte de los niños, muy similar, en cuanto a la falta o a lo elemental de los presupuestos culturales, a aquella del pueblo. Pero, si se puede hacer arte sin o con poca cultura ¿por qué hay un arte culto? Se responde que el arte culto se hace a pesar de la cultura, con el recomendable intento de recuperar las condiciones de ingenuidad, de espontaneidad, de bendita ignorancia del pueblo y de los niños. ¿No es el pueblo un eterno niño? Dejemos que juegue, pero que no rompa nada; el arte, en opinión de la mayoría, es un juego tranquilo. Que es un juego se ve en el hecho de que el arte del pueblo y de los niños no tiene historia, es siempre igual, las imágenes de los bosquimanos se parecen a las de los cazadores del Paleolítico. La historia, sin embargo, es una cosa seria y la hacen los mayores o, por lo menos, los adultos.

---

1. Relacionamos algunos pasos tomados de sucesivas intervenciones de Argan con el fin de ampliar y clarificar más el discurso (n. de la ed.):
   «No quiero, por el momento, proponerme definir qué es "arte popular", sino, sobre todo, qué es el "arte no popular". No creo que se pueda responder a esta pregunta diciendo: "arte popular es aquel que todo el mundo entiende", arte popular es aquel que el pueblo entiende inmediatamente". Y no lo creo porque el simple acto de percepción y también de aceptación de valores no es todavía suficiente para definir una actitud activa.
   El postulado de que el arte representativo (representativo de valores institucionalizados) es siempre un arte no popular se funda en la consideración de que toda institución de valores, con la consecuente necesidad de comunicarlos de modo imperativo o de modo persuasivo, está siempre compuesta de grupos sociales que detentan y procuran conservar el poder, no siendo el poder otra cosa, en sustancia, que la autoridad de definir, imponer, comunicar valores tenidos por constituyentes y estructurantes del orden social. El primer corolario de este postulado es que no deben tomarse por arte popular, en el sentido de expresión de una iniciativa estética popular, las llamadas representaciones "ingenuas", el llamado "art naïf", en cuanto son simplemente representaciones a nivel divulgativo de valores emanados directamente, o mediante aparatos de condicionamiento, de grupos sociales que detentan el poder. Esta limitación se aplica también al llamado "realismo socialista" el cual, en realidad, no es otra cosa que la elección de un lenguaje corriente para comunicar ciertos valores ideológicos que se tienen por estructurantes de un nuevo orden social y, por tanto, cuya diferencia respecto a la comunicación de valores ya institucionalizados se encuentra simplemente en el hecho de que los valores que se comunican o no están instituidos realmente todavía o son valores con los que se cuenta para el futuro».

La idea corriente es que el arte popular no es otra cosa que el gradiente estético de las costumbre o del folclore. No causa problemas porque, salvo cualquier foco languideciente en México o en el norte de Brasil, ha dejado de existir o, peor, es falso. Permanecen los pueblos primitivos, los salvajes, la Prehistoria; pero su arte se incluye en el área vaguísima del arte espontáneo, explicando que nos interesa porque queremos conocer al eterno salvaje, bueno por definición, que sobrevive en cada uno de nosotros y (como ha escrito agudamente Cocchiara) es nuestro *Yo* reconducido al estado de naturaleza, librado de las preocupaciones y de la responsabilidad de la historia. Hasta que viene un Lévi-Strauss a demostrar que existe un pensamiento y una cultura de los salvajes, y que nadie ha dicho que su arte prescinda de ellos.

Para los folcloristas, el arte popular es, si no exótico, burdo. Parece como si no hubiese pueblo en la ciudad, o que la presencia del arte culto lo inhiba o lo haga callar. Cuando el campesino se va a la ciudad para no morirse de hambre en la Arcadia, deja la insuprimible necesidad del espíritu en el peaje de la muralla. Ya no volverá a tallar las vigas del techo, la panera, la cuna del niño. Empleará su tiempo libre en otra cosa. Parece, en realidad, que el arte popular sea el arte que se hace en el tiempo libre; el artista de pueblo es *faber* y *ludens*, redime en el trabajo-con-placer del arte en trabajo-con-pena del campo. ¿Y si, por el contrario, buscase en la operación artesanal una especie de promoción de su estado social de agricultor, pastor, pescador? ¿Y si se aplicase a mejorar, practicando técnicas más refinadas, el instrumental y los procedimientos rudimentarios, arcaicos, de su trabajo cotidiano? Se objetará que el arte popular se reduce, muchas veces, a la decoración:[2] pero la decoración no siempre es un «algo más» añadido a la funcionalidad propia del objeto, a menudo es el recuerdo de sus precedentes o las hipótesis o prefiguraciones de nuevas funciones. En todo caso,

---

2. Si una obra de arte nos lleva a un contenido de experiencia, está claro que, una vez que lo hemos aferrado, recibido, comprendido, no hay necesidad de repetirlo, la repetición se convierte en una copia y nos damos cuenta inmediatamente de que nos encontramos ante la decadencia de los valores. ¿Dónde, sin embargo, la repetición no se convierte en una copia? Lo sabemos perfectamente: en la ornamentación. En la ornamentación no estamos frente a la iteración y a la repetición serial de una imagen dada. Si repito una señal no es porque quiera repetir esta señal, sino porque quiero repetir el acto que ha determinado la señal. Cuando un devoto recita, por ejemplo, el Rosario, que consiste en repetir siempre la misma oración, supongo que no pretenderá comunicar a Dios determinadas noticias que se contienen en el contexto verbal de la oración, sino repetir un acto verbal, porque asigna el valor al repetirse y, por tanto, también al no-terminarse de este acto. Evidentemente, en este caso debemos dirigir nuestra atención del resultado de la operación artística a la propia operación artística, es decir: a una cierta elaboración de materias y de medios a través de los cuales se lleva a cabo este acto que se repite.

El arte moderno como arte popular

es una extensión, también en sentido espacial, del objeto, un modo de ponerlo en relación, y la relación ya es un principio de función. Los verdaderos valores estéticos de la artesanía rural hay que buscarlos en la configuración de la aldea, en la forma de las casas, en el mobiliario doméstico y los instrumentos del trabajo: barca, arado, carro, molino, etcétera.[3]

El arte popular, entonces, sería desinteresado, extraño a las leyes económicas, el que cada uno hace por sí mismo y para sí mismo sin recurrir a los especialistas. No es verdad: el arte popular, o lo que pasa por tal, está obviamente inserto en un sistema económico y casi siempre está hecho por artesanos de aldea.[4] Pero, desde el punto de vista urbanocéntrico que vicia gran parte de la investigación sobre el folclore, esta economía rural no es mucho más importante que el tráfico de botones de los niños. Por otra parte, los problemas técnicos y económicos reales del campo no son decididos por los campesinos, sino por los propietarios, por la gente de la ciudad. No sorprende, entonces, que, muy a menudo, el arte popular (piénsese en la *imagerie* religiosa, en los exvotos), no haga otra cosa que divulgar en vernáculo o en términos elementales el arte culto de la ciudad, como una *Biblia pauperum*.

---

3. Según la opinión común, la obra del sector popular consistiría en la repetición y limitación, en la limitada posibilidad de medios permitidos, de un modo de ser de sectores superiores; pero si considero el instrumental popular, me encuentro inmediatamente frente a una fenomenología completamente diferente, completamente diferente en arquitectura, en el mobiliario, en los instrumentos de trabajo. Me encuentro también frente a una tecnología organizada, porque nada me autoriza a pensar que una casa rural se construya ignorando las leyes estáticas de la arquitectura y de una determinada técnica constructiva, o que los utensilios y los instrumentos sean producto de la improvisación dictada por la necesidad inmediata; no sólo, pero, mientras estoy frente a estos objetos, a estos utensilios, mobiliario, casas, les reconozco un carácter de producción de grupo, no individualizada o individualizable; tengo además que preguntarme si debo considerar a este grupo de modo sincrónico o diacrónico. Es decir: si el grupo está constituido sólo de un cierto número de individuos que viven en el mismo contexto sociológico y cultural, que elaboran esa forma determinada, por ejemplo, de arado, porque parece que responde mejor a las necesidades, o si esa forma de arado no es el producto de una elaboración en el tiempo que realiza el grupo a través de la transmisión de experiencias.
4. En el pasado teníamos un arte popular que era artesanado de segundo plano, un artesanado más simplificado y elemental, aunque ese arte popular estaba relacionado con el gran artesanado de la ciudad, pertenecía de pleno derecho al sistema de producción artesanal, pertenecía, por tanto, de pleno derecho a la tecnología del tiempo, a la situación de la cultura tecnológica del tiempo, la cual también preveía, como necesidad interna, propia, la relación ciudad-periferia esencial sobre todo en las sociedades municipales y del primer renacimiento. Hoy en día, si hablásemos de arte popular como supervivencia del artesanado en una situación tecnológica, y también en una situación sociológica y cultural industrial, declararíamos inmediatamente el fin próximo, si no el fin ya sobrevenido, de aquella actividad artesanal porque, si no, estaríamos afirmando simplemente la poesía del carro frente a la locomotora, el automóvil, el avión.

Volvamos al campesino que ha emigrado a la ciudad. ¿Tal vez no hace arte porque ha perdido el vivificante contacto con la naturaleza? Ni soñando: hoy tampoco la gente de la aldea, que vive en contacto con la naturaleza, talla más paneras ni cunas y compra muebles y mobiliario en el almacén de la capital. En la ciudad y en el campo el miembro del pueblo deja de practicar las técnicas artesanales cuando deja de ser campesino y se convierte en obrero. El obrero es del pueblo, pero no hace arte popular porque está integrado en un sistema económico y productivo que separa claramente, sin dar lugar a confusión, la fase de ideación de la de ejecución. Para hacer bien su trabajo, el obrero debe eliminar todos los problemas, aprender a repetir con precisión absoluta los mismos gestos, a sincronizarse con el movimiento constante de la máquina. Pero no es la máquina la que inhibe toda posibilidad de intervención con inventiva o de variación: es que, cuando la máquina y el obrero entran en acción, la operación de idear ha terminado ya, al nivel de proyecto. No ocurría así con la artesanía, donde no se trataba de ejecutar un proyecto, sino de seguir un modelo. El artesano refinado lo interpretaba según una cultura más cercana a la del creador del modelo o del objeto único; el artesano más tosco lo interpretaba según una cultura más periférica y esquemática. Tanto uno como otro hacían disfrutar de nuevo del valor originario del modelo en ámbitos culturales diversos y a la reducción cualitativa correspondía la extensión cuantitativa. Con la industria todo es diferente: es verdad que la repetición en serie no degrada el original (que, en realidad, ya no existe), pero no lo *populariza*, no lo adapta a las necesidades de una sociedad viviente, diferenciada, implicada.[5]

Si la experiencia es la condición de toda actividad estética, no puede negarse que la ciudad ofrece más ocasiones de experiencia estética que el campo: como productor de imágenes, el paisaje urbano es infinitamente más abundante y más rápido que el paisaje natural. Pero no es verdad que los estímulos emocionales de la ciudad regeneren las facultades de emoción e invención sofocadas por la repetición constante de los mismos gestos, por

---

5. El mundo moderno ha hecho una elección, y la ha hecho en el sentido de la tecnología industrial pura, la ha hecho en el sentido de la condena total de toda dirección artística posible, o la ha hecho en el sentido de la sujeción de la dirección artística, como componente de la dirección puramente científico-tecnológica. Lo que se pregunta es si la nueva tecnología puede alcanzar resultados estéticos y si estos resultados pueden tener una amplitud y una profundidad histórica tal que puedan llamarse populares y no sólo colectivos. El problema de fondo, por tanto, es este: si la producción industrial, como desarrollo irreversible de los modos de producción humana, pueda dar lugar a resultados estéticos, primero. Segundo: si estos resultados estéticos, estando ligados a objetos cuya difusión es prácticamente ilimitada, puedan considerarse expresiones sólo de una cantidad ilimitada, o pueden expresar valores cualitativos.

la percepción del mismo objeto llevado ante los ojos por el movimiento uniforme de la cadena de montaje: al contrario, colaboran en la determinación del bloqueo. Un partido de fútbol no es, para el aficionado, una invitación a jugar o un modo de imaginarse a sí mismo jugando: más bien lo disuade de hacerlo, también por una especie de *vergüenza tecnológica* que le hace percibir lo burdo que sería su juego respecto al de los especialistas.

La clase obrera, sin embargo, no es sólo una clase de prestadores de mano de obra; constituye una vasta categoría de consumidores que, dado el carácter circular de la producción y el consumo, debería influir poderosamente sobre la determinación, incluida la formal, del producto. Los análisis de mercado llevan indudablemente sobre la mesa del proyectista los altos coeficientes de consumo en el ámbito económico de la clase obrera: la producción industrial debería ser, en gran medida, producción popular, y no ya por la mediocre calidad y el bajo precio, sino como respuesta a las exigencias de la mayoría de consumidores. En general, no obstante, puede decirse que la producción industrial es una producción burguesa, extendida a las clases populares mediante una intensa y costosa publicidad. La incidencia del componente popular sobre la producción industrial es mínima; la tecnología industrial no parece proporcionar oportunidad alguna de expresión a la clase obrera, que además no es la protagonista principal. ¿Qué tiene que ver todo esto con el problema de un arte moderno popular? Mucho más de lo que parece, especialmente si se piensa que el arte popular no se puede presentar, en la situación histórica actual, como un género artístico *minorum gentium* y que el verdadero problema consiste en saber si el arte moderno hay que calificarlo de popular o de burgués, si tiene como horizonte la esfera social completa o un sector limitado de esta.[6]

El arte ha sido, durante muchos siglos, un instrumento de poder religioso o político: manifestaba y comunicaba los valores ideales sobre los cuales se fundaba y con los que se justificaba un poder esencialmente teocrático. Los artistas eran entonces meros ejecutores, aunque fuese a un nivel altísimo, casi de ministros de un rito. Sólo a finales del siglo XIII y principios del XIV los artistas se integran en una clase que todavía no es dirigente, pero que ya es fuerte e influyente: Giotto es el primer artista *burgués*, el técnico acreditado de una sociedad que se prepara para convertirse en una

---

[6]. Es necesario, por tanto, llegar a cerciorarse de si es posible que el arte contemporáneo ejerza como un arte dirigido a una comunicación sin límites, dirigido a toda la sociedad sin distinciones de clase, o bien si esta intención de comunicación sin límites sea algo sólo característico de algunas corrientes, operantes en el ámbito de la cultura artística contemporánea o, en la peor hipótesis, de ninguna.

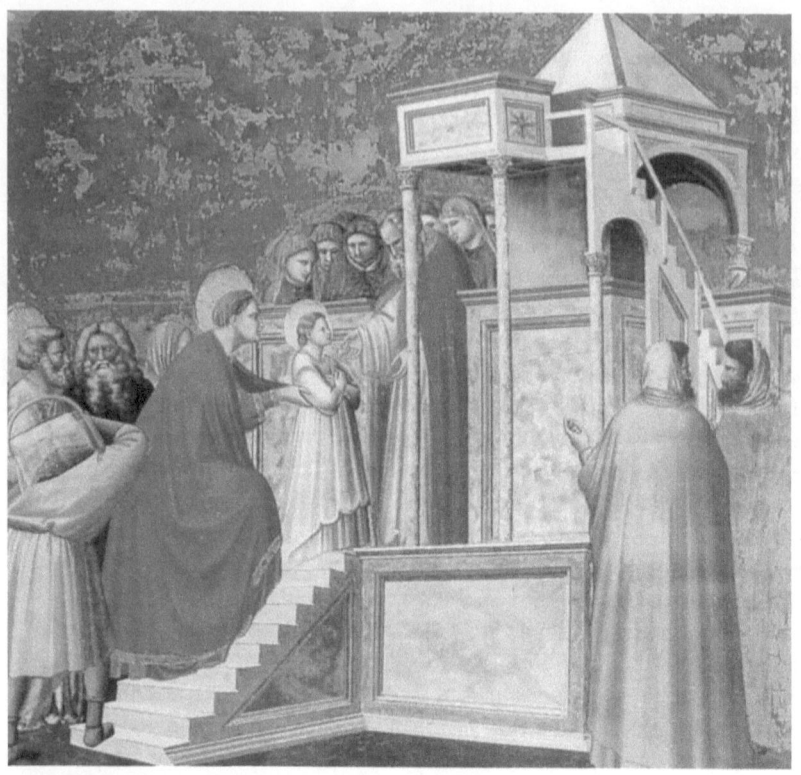

Giotto, *Presentación de la Virgen en el templo*, 1305 aprox., Capilla Scrovegni, Padua.

sociedad de técnicos. Hasta el siglo pasado, los artistas forman parte, con competencia y función propias, de la burguesía profesional; el carácter progresista que imprimen al arte y a sus procedimientos operacionales está conforme con el espíritu de progreso que informa la política y especialmente la economía burguesa. El arte comunica ciertamente un sistema de valores fundado en el conocimiento de la naturaleza, pero además comunica la confianza en que el ingenio humano pueda ampliar este conocimiento y mejorarlo a través de la novedad y la variedad de puntos de vista. La propia experiencia de lo real viene así considerada en su historia o, mejor, la historia no es otra cosa que la historia de esta experiencia. El factor más importante, en todos los campos del saber, es la innovación sobre la experiencia precedente, la *invención*: el arte, a partir del Quattrocento, es el modelo de procedimiento inventivo y de hecho los escritores celebran, especialmente en el artista, la calidad de la invención. Existe una diferencia sustancial respecto al Medievo, cuando el arte colocaba sus ejemplares únicos en el vértice de cada técnica artesanal concreta (orfebrería, esmalte, tejido, etcétera) todas las técnicas sometiéndose después, en lo que se refiere a los valores a comunicar, a una sola directiva doctrinal emanante de los supremos poderes religiosos o políticos. De Giotto en adelante el arte ya no proporciona muchos modelos de operación productiva, sino un solo modelo de productividad ideal, con el cual las fuerzas productivas manifiestan la decisión de autodirigirse, o mejor de asumir la dirección de la vida activa de la comunidad. Con la llamada Revolución Industrial, algunos y después todos los artistas significativos escinden la propia línea de ideación y operativa de la de la producción. Pero hay que tener cuidado: la eliminación de la naturaleza como base de la experiencia y como sistema de comunicación universal no ha sido decretada por los artistas, sino por la industria, que ha declarado inmediatamente que sus propios productos son totalmente artificiales, de ningún modo inspirados en la morfología natural. Son los artistas los que, en un primer momento, permanecen fieles a la naturaleza e intentan relanzarla en contradicción con la innaturalidad y la inhumanidad de la industria, renunciando, sin embargo, a asumirla como principio de autoridad y de guía.

Los impresionistas la niegan como sistema institucionalizado de valores, pero la revalorizan como dato inmediato de la conciencia; Cézanne afirma que este dato es ya pensamiento pensado y que el conocimiento no está por encima, sino dentro de la sensación. Sólo van Gogh, con una desgarradora laceración de todo su ser, grita que la vida de la naturaleza ya no está de acuerdo con la vida del hombre, y el conflicto es tan áspero que la naturaleza destruirá al hombre o el hombre a la naturaleza, escogiendo, en lo que a él respecta, morir con, en vez de contra la naturaleza. Con el expresionismo alemán se instaura finalmente la comunicación artística directa, sin el léxico, la gramática, la sintaxis, el código de la naturaleza.

La relación entre el arte y la tecnología industrial sigue siendo tensa, pero puede ponerse en términos dialécticos. El cubismo transforma el sistema de comunicación, modelándolo de acuerdo con los principios estructurales y funcionales de la nueva tecnología, deduciendo de ellos sus propias coordenadas espacio-temporales. Le Corbusier y Gropius ya no hablan de la naturalidad, sino del carácter social de la arquitectura. Ya está claro que, al caer el sistema de mediación comunicativa de la naturaleza, no es posible mantener diferenciados jerárquicamente el plano de los ideadores y el de los productores. Nace así la figura del técnico proyectista o del *designer*, que

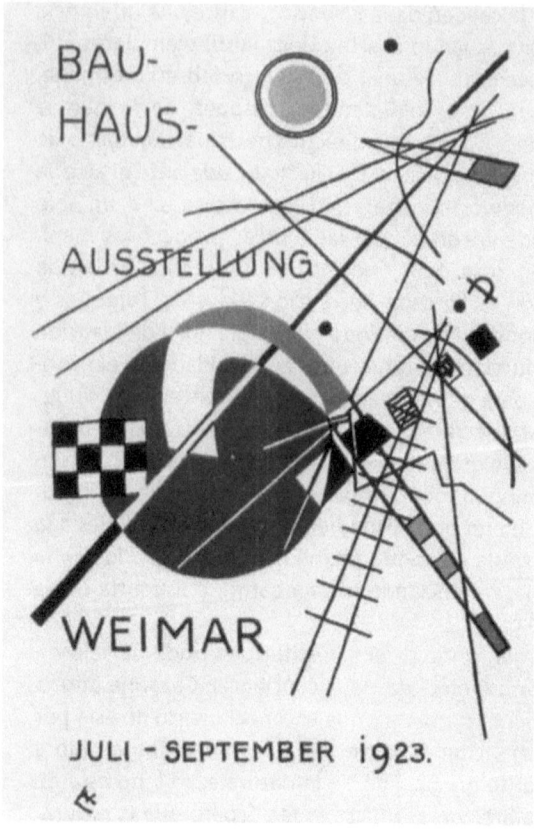

Wassily Kandinsky, postal para la exposición de la Bauhaus de 1923, cromolitografía sobre cartulina, Bauhaus-Archiv, Berlín.
© VEGAP, Sevilla 2004.

ya no pertenece ni a la clase dirigente ni a la clase obrera y es, al mismo tiempo, un ideador y un ejecutor potencial. Este personaje sin clase social, portador de una cultura privada de cualificación ideológica, debería reunir las funciones directivas de la burguesía y las operativas del proletariado: se presenta, por tanto, como aquel que puede realizar la difícil integración de la experiencia del viejo artesanado (componente popular) en la racionalidad científica del sistema tecnológico industrial (componente burgués). Es entonces cuando se prevé y se auspicia una «revolución de técnicos» (Burnham), quizá también con la esperanza de derrotar a la revolución histórica que, en Rusia, venía ya de camino. En el propio ámbito de la Bauhaus de Weimar, heredera del *Werkbund*, se abre camino la idea de que el arte moderno, actuando a través de la tecnología industrial, no pueda ser otra cosa que arte popular. Como elemento extraño, en la escena del arte europeo entre las dos guerras el artista que recita el papel de gran *clásico* a la Corneille, defiende soberbiamente la bandera del arte culto, y todavía consigue hacer una obra maestra de pintura histórica (*Guernica*) es Picasso.

Kandinsky y Klee no hablan al pueblo desde la tribuna del arte, sino que elaboran una serie de signos que ya no son portadores de significados dados *a priori* y aceptados como comunicadores de valores institucionales de una cultura de clase: signos, por tanto, que por su disponibilidad semántica ilimitada no pueden ser instrumentalizados y finalizados de ningún modo de acuerdo con los intereses de la clase dirigente. La novedad consiste sustancialmente en el hecho de que el signo ya no es portador de un mensaje o de una noticia, sino que se hace noticia y comunica sólo a sí mismo actuando, sin embargo, como llamamiento directo a la psique que lo recibe y poniéndola en una situación de vivaz excitación y casi de alarma. En otros términos, el arte no se propone tipos o ejemplos de existencia y de experiencia, sino a predisponer al «disfrutador» a vivir más lúcidamente, intensamente, eficazmente su propia existencia o experiencia. El fin común de Kandinsky y de Klee es el de hacer coincidir la comunicación colectiva con la intersubjetiva, y por esta vía, contribuir a definir la relación, que el organizador de la sociedad industrializada hace dificilísima, entre colectividad e individuo. Klee actúa sobre un material de imágenes que, proviniendo de pulsiones inconscientes, se muestra al principio como indiferenciado pero que, en el propio acto por el cual se visualiza como líneas o colores, se despoja de toda vaguedad evocativa y se presenta como realidad existencial absoluta, individualizada. Kandinsky procede en dirección contraria pero, de hecho, paralela. Se vale de un material de imágenes originalmente cargado de simbologías conceptuales (el cuadrado, el círculo, el triángulo, la recta, la curva); pero los «pone en situación», los fenomeniza en una contingencia espacio-temporal extremadamente precisa, los priva de toda función de comunicación simbólica, los da como absoluta e individualizada realidad existencial. Sus signos no disimulan su proveniencia cósmica, lo dice la trayectoria o la parábola por la cual llegan a la tela o al papel; pero la situación que determina su encuentro es una situación *hic et nunc* que cristaliza y fenomeniza el instante de la existencia del percipiente. El problema central es siempre el de la relación entre unidad y serie, entre individuo y colectividad: proyectado por Klee sobre lo profundo y por Kandinsky sobre lo sublime, es siempre el problema de la inescindibilidad del átomo-individuo en la totalidad del contexto social. El peligro que se cierne sobre una sociedad industrializada es la *masificación*, el fin de las autonomías individuales;

pero hasta que el individuo no se disgrega no puede ser masa, hasta que no es masa es pueblo, es decir, una sociedad articulada cuyo movimiento está determinado por la resultante de las fuerzas individuales que actúan sólidamente en este campo. Klee invoca más veces «al pueblo que no está con nosotros» porque está fundiéndose y bloqueándose en la masa.[7] Kandinsky no se separa nunca del recuerdo del arte popular ruso que estudió en su juventud; la Bauhaus no reniega de sus inicios populistas. El mismo problema se lo plantea Gropius cuando concibe la arquitectura como urbanismo y el urbanismo como estructura de una colectividad articulada, en la que cada uno se mueve con movimientos individuales pero coordinados, y con el máximo de tempestividad y eficacia: una sociedad-pueblo, por tanto, y no una sociedad-masa. La ciudad, como producto de un *design* que se halla en los grandes trazados urbanos, en la planimetría de las casas e incluso en los más pequeños objetos auxiliares de la vida cotidiana, es, más que la imagen viviente, el instrumento esencial de esta sociedad; y la función del *design* es la de hacer que cada uno pueda situar el signo de la propia existencia en el *pattern* colectivo. Es, claramente, una operación estética o creativa de la cual sería incapaz una masa indiferenciada, pero en la cual debería expresarse el *ethos* de una sociedad como pueblo. Obra colectiva de una comunidad popular eran las grandes catedrales del Medievo: la ciudad industrial debería ser la catedral laica alzada por un pueblo finalmente unido en el trabajo, por encima de las barreras de clase y de nación. ¿Qué es lo que ha transformado este ideal en una fabulosa utopía? No su racionalidad rigurosa, sino la irracionalidad brutal de una política duramente realista y abiertamente reaccionaria, aliada y tutora de la especulación inmobiliaria a la cual ha dejado las manos libres en las ciudades del pueblo. Los gigantescos «contenedores humanos» que trituran en un tornillo de banco de cemento el corazón histórico de nuestras ciudades son los crisoles refractarios en los que, día a día, el pueblo se funde en una colada humana informe, en una masa informe privada de conciencia histórica e intencionalidad política. No se pide que sea el pueblo el que construya las casas y las ciudades como los primitivos construyen sus propias chozas y sus propias aldeas: el arte popular no lo hacen los

---

7. Cada vez que hablamos de masas no hablamos de pueblo, sino de algo antitético al pueblo, de algo que priva al pueblo de la conciencia de su historicidad. Paul Klee, en sus diarios, ha escrito que había sólo una cosa que le causaba profundo dolor: «El pueblo todavía no está con nosotros», es decir: Paul Klee sentía que el valor al que había que apuntar no era el valor abstractamente ahistórico de la sociedad, comunidad, etcétera, sino al valor histórico de la palabra «pueblo», que no es otra cosa que una colectividad que tiene conciencia de la posición histórica propia no subalterna.

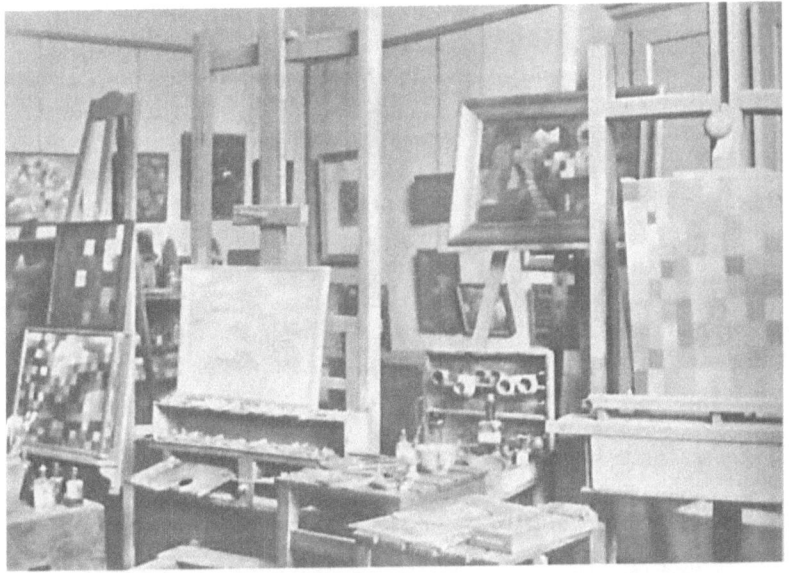

Estudio de Paul Klee en la Bauhaus, fotografía de Paul Klee, 1924, Weimar.
© VEGAP, Sevilla 2004.

miembros del pueblo del mismo modo que el arte sacro no lo hacen los sacerdotes o el arte de corte los príncipes. Al *demos* le corresponde construir la *polis* mediante la obra de técnicos que no sean, como son, por desgracia, en su mayor parte, los servidores humildísimos de una clase obsoleta como clase dirigente, pero aún fuerte como grupo de poder. El otro campo, confinante con el primero, en el cual puede realizarse un arte moderno popular es el del diseño industrial. En este campo se han obtenido innegables éxitos tácticos pero a estos, con la sobrevenida fase neocapitalista, ha seguido un estancamiento que está degenerando en parálisis y amenaza con terminar en gangrena. Del proyecto no se ha pasado a la planificación; la búsqueda de la forma justa para la función justa se admite sólo en cuanto pueda servir para derrotar a la competencia y aumentar el beneficio. El técnico se ha puesto a las órdenes de los grupos de poder, colaborando en transformar el sistema de producción en un sistema de explotación. Hoy la industria emplea casi la totalidad de las energías del trabajo y los recursos económicos. La influencia de la circulación de productos sobre el modo de vivir y de pensar es enorme. El pueblo debería ejercer su acción dirigente mediante las elecciones; pero la capacidad de elegir se paraliza desde el principio y no sólo por el bombardeo intensivo de la publicidad, sino a través de la destrucción sistemática de la personalidad a través de los famosos «*mass media*» (cine, televisión, revistas, tebeos) y el empleo compulsivo del tiempo libre. Dado que la demanda influye en la producción, y que se pretende que la producción sea de masa, se actúa de modo que la demanda no sea de pueblo, sino de masa. Lo que se llama crisis del arte moderno se reduce sustancialmente a esto: al arte de la burguesía, que ha producido innumerables obras de arte pero ha cerrado su ciclo histórico, no ha sucedido un arte del pueblo. Ya se habla de un arte de masas para una cultura de masas pero ¿puede existir objetivamente un arte de masas? No interesa saber si el arte es una necesidad primordial e insuprimible del espíritu, pero es un hecho que es un componente constante y necesario de la historia. No hay arte sin historia, pero puede decirse lo contrario, porque la historia no es la cadena ininterrumpida de los acontecimientos, sino la *representación* unitaria de los hechos humanos. Livio, que ha fundado la historia, no sólo como memoria y narración, sino como justificación manifiesta del hacer humano, construcción y representación del mundo civil, ha sido, ante todo, un grandísimo artista. Para que el pueblo (en el sentido casi sacro de Klee) no se convierta en un rebaño, en masas ilimitadamente disponibles, también para las «cochinas guerras» en las que los grupos de poder manifiestan al mismo tiempo su carencia de razones históricas y su voluntad de poder, debe tomar conciencia de la necesidad de encuadrar su enorme acumulación de fuerza en una estructura que lo sostenga. La búsqueda de un diseño estructural de la realidad «pueblo» ha sido llevada muy lejos por la ciencia moderna: por la historiografía desmitizada de Marx y Engels, por la fenomenología de Husserl, por la exploración del inconsciente colectivo de Jung, por la interpretación del mito de Kerényi, por el estructuralismo lingüístico de Saussure y por el etnológico de Lévi-Strauss. También en el arte se han llevado a cabo investigaciones paralelas, no se trata sino de otra cosa que de reconocerlas por lo que son: intentos de fundar el arte moderno como arte popular por necesidad y por elección histórica. La investigación, que comienza con Kandinsky y con Klee, se concreta en el esfuerzo de liberar al arte de toda dirección clasista, es decir, de la obligación de manifestar y comunicar un sistema de valores institucionalizados, de reconducirlo a la semanticidad pura, a la comunicación directa e intersubjetiva: en un horizonte amplísimo que comprenda el urbanismo en su significado más amplio, el diseño industrial, los modos de comunicar mediante imágenes: imágenes no ya entendidas como evasión de la realidad mediante el sueño o la fábula, sino como pensamiento vivo y concreto, liberado del sistema condicionado y condicionante del esquematismo lógico. Tras la trágica experiencia de la guerra, el ideal racionalista de Gropius, de Mies van der Rohe, de Le Corbusier, de Mondrian, de Theo van Doesburg, aparece como el último y fascinante mito europeo: un llamamiento *in extremis* a la burguesía capitalista para que no traicionase los orígenes iluministas de su cultura. La burguesía en el poder lo ha rechazado con desprecio: renegando de su propia historia, declinando su responsabilidad como clase dirigente, afirmando cínicamente que la dirección social y política es, simplemente, el poder.

En el último confín de la cultura iluminista burguesa, Mondrian ha presentado el noumeno-fenómeno de su pintura como una propuesta urbanística; ha intentado, por tanto, traducir a realidad existencial lo que consideraba una verdad racional. Ha sido el último, generoso esfuerzo de intentar «popularizar» el arte burgués, cuando ya Klee y Kandinsky indicaban, como única posibilidad de salvación, un arte del pueblo.

No sabemos si la ciudad del mañana será una construcción histórica o un amasijo de cuarteles, prisiones, manicomios. Sabemos, sin embargo, que, si es una construcción histórica, será necesariamente arte popular y que se hará con el concurso, para tejer las imágenes y definir el espacio y la estructura, además de los técnicos cualificados, de artistas como Miró y Masson, Pollock y Rothko, Dubuffet y Calder.

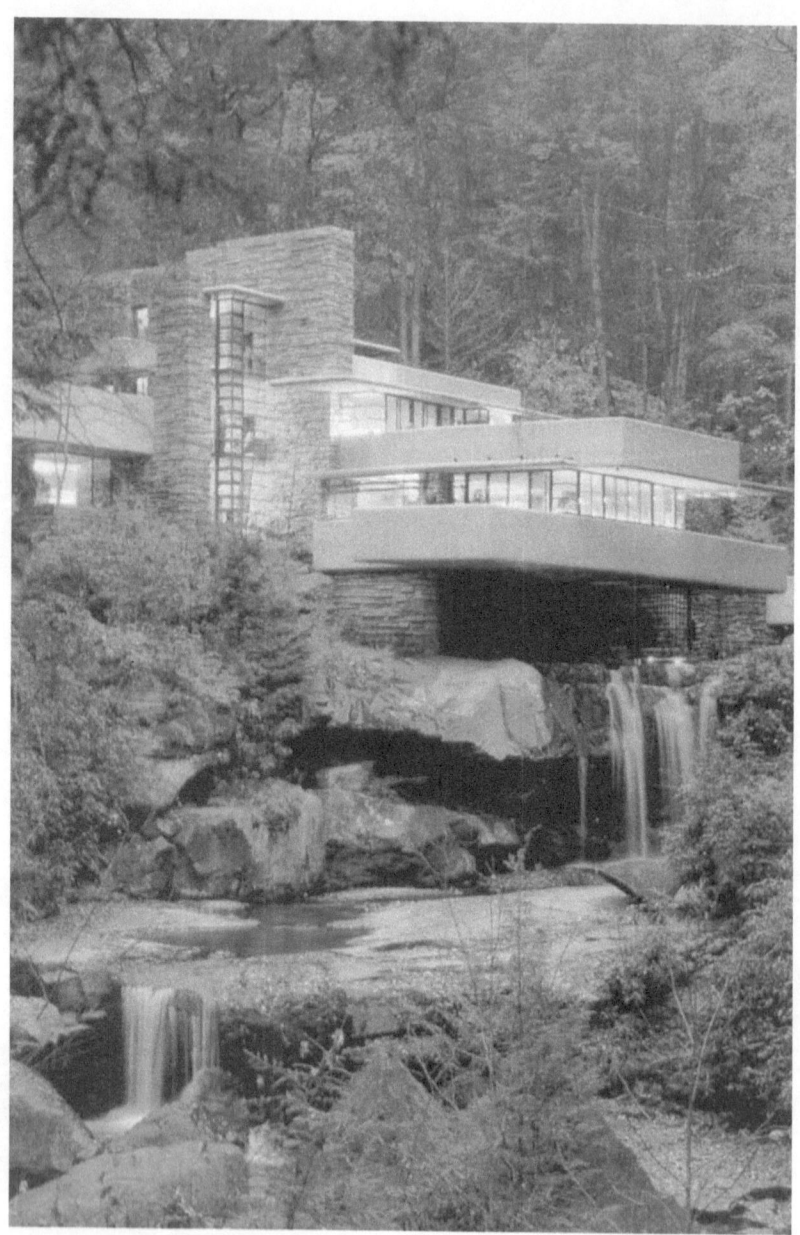

Frank Lloyd Wright, *Casa Kaufmann*, 1936-1937, Bear Run, Pennsylvania.

3. ARQUITECTURA

Partiendo de que por arte popular, en la situación contemporánea, no se puede entender el arte creado por el pueblo sino, simplemente, el arte destinado al pueblo, Argan ha identificado en la arquitectura una de las posibilidades más explícitas de arte popular. En este sentido, ha auspiciado una toma de posición por parte de los técnicos, ya no al servicio de la clase en el poder, sino como coordinadores y organizadores conscientes de las aspiraciones individuales de los ciudadanos.

Continuando con esta propuesta, Zevi ha extendido la investigación al problema de la arquitectura. Ha analizado, en un primer momento, las diversas relaciones entre los arquitectos y las viviendas populares desde el momento en el que, en 1936, el arquitecto Pagano publicó Architettura rurale italiana, donde proclamaba la necesidad de volver a estudiar la arquitectura rural «espontánea», con el fin de encontrar en esta tradición antirefinada los primeros ejemplos de la arquitectura funcional que, precisamente en aquellos años, era teorizada y propuesta por Le Corbusier. Zevi continúa después con el análisis de la situación de posguerra en la cual, pretendiendo relanzar la arquitectura racional, de la cual ya había abjurado el propio Le Corbusier, algunos arquitectos italianos se sirvieron de formas «espontáneas» para popularizar la arquitectura neorracionalista.

Finalmente, después de haber indicado las más recientes, y ya improductivas, manifestaciones de simpatía por la llamada «arquitectura popular», Zevi propone abandonar el equívoco que llevaría a identificar la arquitectura moderna popular con la que se inspira en las viviendas rurales y concluye reiterando la necesidad de considerar el término popular respecto al uso al que se destina el edificio; señala, por tanto, en este sentido, el ejemplo más actual, el de F.L. Wright, quien, precisamente, se proponía estudiar «para cada hombre, un estilo». En último análisis, la arquitectura moderna popular sería la que tiene en cuenta las necesidades del usuario, la que lo considera como hombre cuyas necesidades individuales, cuya personalidad, no sólo se reflejan en la vivienda, sino que tienen, sobre todo, la posibilidad de influir, según las propias exigencias, sobre el proyecto.

ARTE POPULAR COMO ARQUITECTURA MODERNA
Bruno Zevi

Para aprehender los aspectos específicos que toma la cuestión del «arte popular» en arquitectura, se deben examinar tres argumentos: a) los intentos de recuperar las construcciones vernáculas, en Italia y en el extranjero, y su variado significado cultural; b) el neoexpresionismo arquitectónico como instrumento sintomático, pero provisional, de liberación de la academia del racionalismo burgués; c) el movimiento orgánico y las condiciones de su relanzamiento con el objeto de promover una arquitectura popular de largo alcance.

El intento de recuperar lo vernáculo, la tradición popular, en la arquitectura moderna se remonta en Italia a hace treinta años: en 1936, después de haber preparado una exposición en la VI Trienal de Milán, Giuseppe Pagano publicó junto a Guarniero Daniel un «cuaderno» titulado *Architettura rurale italiana*. En la presentación, después de criticar el hecho de que «en la historia de la arquitectura estudiamos generalmente la historia del gusto arquitectónico a través de las formas paradigmáticas adoptadas en las construcciones mayores: los templos, las iglesias, los palacios», se alza un himno a la construcción de cabañas con techo de paja, de graneros y establos, de trullos, de estructuras cupuladas, de bóvedas de cañón o de crucería, de galerías de madera y logias de albañilería: «se ha desplegado frente a los ojos, con la arquitectura rural, un inmenso diccionario de la lógica constructiva del hombre, creador de formas abstractas y de fantasías plásticas que se explican mediante sus relaciones evidentes con el suelo, con el clima, con la economía y con la técnica».

La operación cultural de Pagano se justifica por la pesada atmósfera de la época, en el plano instrumental. Por entonces se recurría al dialecto, no porque la lengua se hubiese consumado, esclerotizado y, por tanto, fuese incapaz de expresar, sino porque, en el ambiente autárquico y nacionalista del momento, se necesitaba recuperar un precedente «italiano» del gusto por las formas geométricas elementales y «puras» que se proclamaba sobre todo mediante la obra y los escritos de Le Corbusier. Para Pagano, la arquitectura popular servía sólo para esto: incitar a los arquitectos que no sabían razonar con sus propias cabezas y necesitaban «ambientar» la nueva arquitectura, incluso antes de haber entendido su mensaje subversivo, y que parloteaban de «arquitectura moderna sí, pero arquitectura moderna "italiana"», a inspirarse en fuentes menos corruptas y retóricas que aquellas, flojas y monumentales, de las que se nutría la corriente piacentiniana. Si no podían evitar copiar, que calcasen un pajar de Val Sugana, una lechería toscana o véneta, una granja de Taranto, una casa abovedada de la costa amalfitana, o tal vez una casa de terrazo de Sicilia o de Campania. Cierto, estaba el peligro del folclore, del rancio desenterrar los perfiles de la arquitectura de Capri, de elevar la «mediterraneidad» a concepto o categoría, en suma, de estimular otra forma de retórica tan nauseabunda como la académica. Pero Pagano indicaba con absoluta precisión los puntos de referencia: «el techo plano, los bloques puros con los mínimos salientes y accidentes decorativos, la ventana horizontal, la composición asimétrica, la fuerza expresiva del muro liso, la influencia del paisaje circundante y, sobre todo, la desprejuiciada coherencia funcional y técnica son claramente legibles en estas obras de arquitectura rural». Y concluía sin sombra de equívoco: «la funcionalidad ha sido siempre el fundamento lógico de la arquitectura. Sólo la presunción de la existencia de una sociedad enamorada de la apariencia podría hacer olvidar esta ley eterna y humana al mismo tiempo. Hoy, esta ley ha sido redescubierta y defendida, no sólo por razones estéticas, sino también por una necesidad moral de claridad y honestidad». Baste esto para no confundir la operación de Pagano de 1936, discutible, pero rigurosamente leal a la cultura moderna, con sucesivas distorsiones y falsificaciones.

En la posguerra, a finales de los años cuarenta, cuando la arquitectura popular, denominada «espontánea» para la ocasión, fue nuevamente exhumada para convertirse en objeto de otra exposición en la IX Trienal, la situación cultural era claramente diversa; y hay que recordar sus características, aun a costa de desagradar a alguien, para comprender el significado ambiguo de aquella iniciativa.

La generosa ilusión racionalista, de la cual constituye un testimonio el pasaje de Pagano citado arriba, se había eclipsado hacía tiempo. La alternativa propuesta por Le Corbusier –Todos recuerdan: *Des canons? Des munitions? Merci! Des Logis, S.V.P*– sonaba remota y patética. La internacional racionalista se había aburguesado tras la caída de los mitos de las vanguardias. Pero la mayor parte de los arquitectos no quiere convencerse y los italianos los que menos. Refutaron la evidencia, se vendaron los ojos, intentaron recuperar el discurso de 1930 como si nada hubiese pasado. La crisis del racionalismo, que precede al segundo conflicto mundial y, en realidad, lo preanuncia, podía tener una salida positiva en la arquitectura orgánica, o bien una salida sin calidad, indulgente y complacida, de un estado mental confuso, de una inquietud carente de sentimiento verdadero. Colocados frente al dilema, los arquitectos italianos confirmaron lo que parece ser una constante de su historia a partir del Renacimiento, de Galileo en adelante: rechazaron la contribución colosal del genio de Wright igual que, cuatro siglos antes, habían repudiado los descubrimientos espaciales del arquitecto Miguel Ángel y, tres siglos antes, dilapidado la herencia de Borromini.

Los episodios de esta indolencia intelectual son muchos. El órgano de expresión de Giuseppe Pagano, *Casabella*, reaparece con la mencionada «continuidad»; naturalmente, no continuó nada, y tampoco supo distinguir los motivos de la discontinuidad que personificaba. En realidad, la intención era la de continuar: aunque vacío y ronco, el movimiento racionalista habría mantenido su organización, el C.I.A.M. habría prolongado su serie de congresos y seminarios, si el propio Le Corbusier, jefe reconocido e ídolo del movimiento, no hubiese tratado rudamente de «*idiots*» a todos los seguidores de Le Corbusier de antes de la Guerra, rompiendo con toda relación de colaboración, desmintiendo clamorosamente con las obras las expectativas de sus discípulos, encerrándose en una estación creativa deslumbrante y solitaria.

¿Qué podían hacer los racionalistas de la «generación del medio», seducidos y abandonados por el maestro? Tenían en sus manos un lenguaje que ya no era capaz de comunicar con eficacia. Intentaron vivificarlo inyectándole alguna palabra en dialecto. Aquí comenzaría la aventura de la «arquitectura espontánea», un reflejo tardío y descolorido del neorrealismo. De manera superficial, epidérmica, esencialmente visual, se fue a descubrir la arquitectura campesina, de los pueblos y las pequeñas ciudades medievales, de las aldehuelas del *Mezzogiorno*. Hacía falta, como solía decirse, «dar cualidad» a la arquitectura moderna, radicarla, hacerla popular, y este objetivo podía alcanzarse zambulléndose en la fuente del urbanismo y de la arquitectura prosaica, la que construye la gente normal, no los artistas.

Ningún razonamiento pudo disuadir a los arquitectos de esta empresa insensata. Así, hemos asistido a la construcción del barrio INA-Casa que repetía la morfología de las aldeas del Lazio o de Los Abruzos, a pesar de estar ubicadas en la periferia de las metrópolis. Hemos oído elogiar durante años el concepto de «unidad residencial autosuficiente» como si una noción de este tipo no fuese grotesca una vez insertada en la red de infraestructuras y comunicaciones modernas. Se ha discutido de «persistencias ambientales» como si se tratasen de una novedad respecto a los «ambientes preexistentes» de los cuales se ha hablado siempre. Por querer ser popular, se vuelve uno sofisticado más allá de lo imaginable. La recuperación de lo vernáculo, embarullado con la teoría de las preexistencias ambientales, favoreció la emergencia de una tendencia «historicista» que ha engatusado a la «generación del medio» y, todavía más, a la siguiente.

La operación se transfirió inmediatamente del campo a la ciudad. A la aldea La Martella de Matera pronto corresponde la *Torre Velasca* de Milán inspirada, por lo que parece, en los campanarios medievales o los perfiles angulares del *Castello Sforzesco* y, en Roma, el edificio de la Rinascente, en Piazza Fiume, que usa las canalizaciones de la instalación de aire acondicionado para evocar el muro ondulado barroco. Estas tres obras las señalaríamos con cuatro asteriscos en una guía turística de la arquitectura italiana contemporánea. Imaginad las otras. Por este camino se llega necesariamente a la sede de la Democracia Cristiana en el EUR. La conclusión de esta experiencia debe ser clara y evidente: cualquier programa de «ambientación», ya se lleve a cabo en los centros monumentales o en otro sitio, ya comercie con los modelos cultos preexistentes o con los populares, ya proceda según citas pedantes y vulgares, o recurra a sutilezas alusivas, es una empresa artificiosa, falsa, intelectualoide, estéril, culturalmente equívoca que, como máximo, si la conduce un buen arquitecto, podrá estimular la curiosidad. Y ya tenemos bastante en Italia.

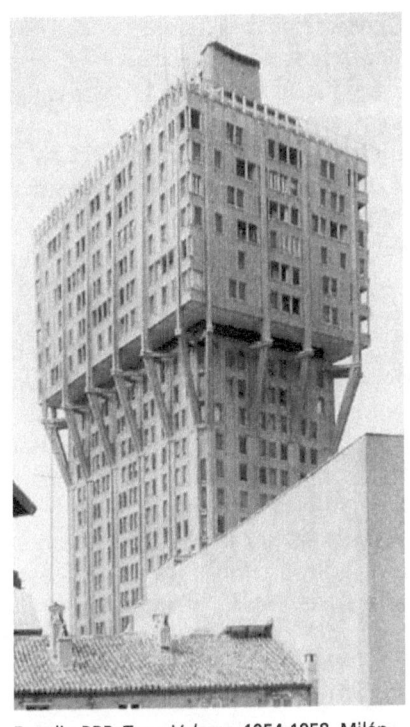

Estudio BRP, *Torre Velasca*, 1954-1958, Milán.

Con todo ello, el problema de la arquitectura popular y primitiva se debate en todo el mundo, con la única excepción, tal vez, de algunos países subdesarrollados. Por dar algún ejemplo, Sibyl Moholi-Nasgy, la viuda de Laszlo, una de las personalidades más inteligentes y coherentes de la Bauhaus, ha publicado en 1957 el volumen *Native Genious in Anonymous Architecture*, una especie de *Architettura Rurale* a la Pagano aplicada al escenario americano. Se abre, consistentemente, con un «Homage to Frank Lloyd Wright». No es menos significativa la circunstancia de que el historiador de la arquitectura moderna más competente, Siegfried Giedion, autor de *Space, Time and Architecture*, haya sentido el impulso de estudiar la Prehistoria y haya publicado dos volúmenes bajo el título común de *The Eternal Present: The Beginnings of Art*, en 1962, y *The Beginnings of Architecture*, en 1964. Otro acontecimiento reciente que ha tenido notable resonancia: de noviembre de 1964 a febrero de 1965, el Museum of Modern Art de Nueva York ha acogido una exposición titulada *Architecture Without Architects*, comisariada por Bernard Rudofsky. Finalmente, vale la pena mencionar el número de la revista *Aujourd'hui* de mayo-junio de este año, dedicado al tema «*Espaces Sculptés-Espaces*

Architecturés». Es una obra maestra de periodismo artístico sensacionalista donde se juntan las cosas más dispares, las cuevas trogloditas y las montañas, las cavernas de imitación de los zoológicos, la arquitectura campesina, los dibujos expresionistas de Hermann Finsterlin, los proyectos de Frederick Kiesler, la iglesia de Micheluzzi en San Marino y, naturalmente, las esculturas arquitectadas o –¿Quién sabe?– las arquitecturas esculpidas de André Bloc.

Entre tal amasijo de fenómenos se individualizan algunos impulsos positivos: 1) uno de los parámetros fundamentales de la cultura moderna es la psicología científica, pero el racionalismo no la tiene en cuenta. Lo sabemos todo del comportamiento de los ratones en diferentes condiciones ambientales, pero el espacio del hombre, en la casa o en la ciudad, sigue siendo *The Hidden Dimension*, por usar el título de un libro reciente del antropólogo americano Edward T. Hall. 2) El paso de los intereses psicológicos a los referidos a las costumbres de los pueblos protohistóricos y primitivos es inmediato y parece, por tanto, natural y útil que los arquitectos modernos y, sobre todo, los historiadores de la arquitectura moderna, se interesen por la Prehistoria. 3) La dimensión urbanística de la historia de la arquitectura actual incluye, junto a los monumentos, el tejido urbano y, por eso, a la arquitectura menor. En este sentido, las investigaciones llevadas a cabo sobre arquitectura popular podrán ser utilizadas en los estudios interdisciplinares sobre la psicología del ambiente, de la que se habla tanto.

En cuanto a la distinción entre «espacios esculpidos» y «espacios arquitectados», denuncia la carencia actual de los arquitectos en temas espaciales y el vano, pero sintomático intento de suplirlo por parte de los escultores. Este argumento nos invita a dirigir la atención a las características del neoexpresionismo contemporáneo.

En la ponencia «El arte moderno como arte popular» de Giulio Carlo Argan se da un paso, tan rápido como iluminador, que parece, a primera vista, fuera de lugar respecto al arte popular, pero que encaja con él perfectamente: «Con el expresionismo alemán se instaura finalmente la comunicación artística directa, sin el léxico, la gramática, la sintaxis, el código de la naturaleza.» Con el expresionismo alemán, por tanto, se «elaboran una serie de signos que ya no son portadores de significados dados *a priori* y aceptados como comunicadores de valores institucionales de una cultura de clase». ¿Vale esto también para la arquitectura? Y, si vale, ¿justifica el neoexpresionismo que se ha difundido en el último decenio? Y, en este ámbito, ¿explica también la recuperación de la arquitectura popular?

Para responder a tales preguntas, hay que desarrollar un razonamiento que, en apariencia, tiene el aspecto de una digresión. Pero, como en la ponencia de G.C. Argan se confronta el intento de «popularizar» el arte burgués perseguido por Mondrian con un «arte del pueblo» señalado por Klee y Kandinsky, es indispensable para nosotros volver a los motivos de la crisis racionalista, comprender a fondo sus causas.

En la versión «purista» lecorbusieriana de los años treinta, el racionalismo portaba en sí el germen de su propia decadencia. Estaba cargado de contradicciones. Se revolvía contra el sistema *Beaux Arts*, pero repetía sus postulados sustanciales, sobre todo, el prejuicio del objeto terminado, cerrado, cristalizado, diamantino, «puro», según el cual la obra de arte es un tabú al que se le niega crecer, a la que nada se le puede añadir o sustraer. Del método *Beaux Arts* repetía, por otro lado, el preconcepto de la «proporción», de las tramas compositivas según secciones áureas, de aquellas relaciones de escala de las que, más tarde, nacerá el «modulor». El racionalismo lecorbusieriano alimentaba los elementos de su corrupción clasicista. Por eso, cuando Le Corbusier se da cuenta, después de la Guerra, tiene el coraje de rechazar todo el pasado lanzándose a la aventura informal de *Ronchamp*, a la «manierista» de *La Tourette*, a la mampostería en bruto y a la investigación de los efectos de luces y sombras al límite del histrionismo y de la persuasión soterrada.

Debido a tal carácter clasicista, el racionalismo puede compararse al neocapitalismo. Del prototipo tetradimensional del edificio de la Bauhaus en Dessau, Gropius ha pasado al monumentalismo de la Embajada Americana en Atenas y al rascacielos *Pan-Am* de Nueva York. Mies van der Rohe, de la sublime imagen abierta del Pabellón Alemán en la Exposición de Barcelona de 1929, ha pasado a aquel *Seagram Building* que, a pesar de haber sido celebrado por muchos críticos, no deja de tener una fachada bien simétrica, centrada por dos fuentes; fachada, flancos, parte posterior y ninguna invención espacial. Con la sola excepción de Le Corbusier, los maestros del racionalismo europeo han desistido de sus propósitos: el holandés J.J.P. Oud ha diseñado el insustancial edificio de Shell en La Haya. El mismo Alvar Aalto, cuyas creaciones más comprometidas se remontan a los años de la Guerra (Pabellón Finlandés en la Exposición de Nueva York de 1939; dormitorios del MIT en Cambridge, Massachusetts), ha construido recientemente en Helsinki un marmóreo edificio clasicista. Cuando Philipp Johnson, terminado el *Seagram Building* de Mies, declaró que la arquitectura moderna estaba acabada, reconocía en tono de paradoja una verdad a la que él mismo contribuía masoquistamente.

Si nos preguntamos cómo ha podido ocurrir esto en el terreno lingüístico, debemos reconocer el siguiente hecho: en el racionalismo arquitectónico, la llamada «cuarta dimensión» se ha expresado, no tanto superando concretamente a la tercera como quemándola mediante el retorno a la segunda. Es bien conocido que el gran problema, también en arquitectura, era el de vencer a la perspectiva renacentista, el bloque tridimensional, el edificio cerrado con fachada, flancos y parte posterior. El único movimiento que intentó instaurar una sintaxis con un propósito coherente fue «De Stijl», pero «De Stijl» predicó la supresión de la masa y el volumen, la gramática de la arquitectura de placas, de planos, de superficies y, en un sólo caso herético, el de Mies, se proyectó un espacio fluido y continuo entre interior y exterior, dialogante entre paredes libres bidimensionales. Es cierto que estas palabras podían componer un discurso tetradimensional; era, sin embargo, mucho más fácil usarlas para recomponer un discurso de construcciones cúbicas y la técnica del *curtain wall* servía perfectamente para ello. El tránsito del *Rockefeller Centre* a los rascacielos de Park Avenue proporciona un ejemplo elocuente: en el *Rockefeller Centre*, y aún en el plano lecorbusieriano de la ONU, la semántica bidimensional sirve a un lenguaje tetradimensional, dinámico; en Park Avenue se utiliza para construir prismas clasicistas. Es lógico que Mies haya pasado dos años diseñando el ángulo estupendo del *Seagram Building*, desinteresándose de todo lo demás: el problema del ángulo, del modo de girar un plano o una superficie, es típicamente *Beaux Arts*, y no se plantea en la arquitectura moderna pura.

Tal abdicación del racionalismo ha provocado una reacción que se ha manifestado, sobre todo, en la reconquista de la materia, empezando por las paredes en bruto y, luego, por la recuperación de la masa, del bloque escultórico. Consecuencias directas de esta reacción han sido: la recuperación del expresionismo, el descubrimiento de Gaudí, la revalorización de Mendelsohn, de Hugo Häring y de Duiker, el tardío reconocimiento de Hans Scharoun. Respecto a la instrumentalización neocapitalista del racionalismo, el expresionismo, también en arquitectura, parece el único lenguaje en el que los signos no son finalizados «de acuerdo con los intereses de una clase dirigente». Basta recorrer Berlín: en un panorama de caducas aglomeraciones racionalistas en clave clasicista –un panorama que es parodia del racionalismo alemán de antes de 1933– despuntan algunas obras todavía ligadas a la experiencia expresionista que son obra de Hans Scharoun y su escuela, es decir, de aquel pequeño grupo de arquitectos que son los únicos que saben resistir al nazismo, permaneciendo en Alemania.

Se podría, por tanto, concluir que hoy, en arquitectura, la salvación está en la recuperación del expresionismo. La propia arquitectura anónima o popular es válida en cuanto condensa en sí elementos expresionistas y per-

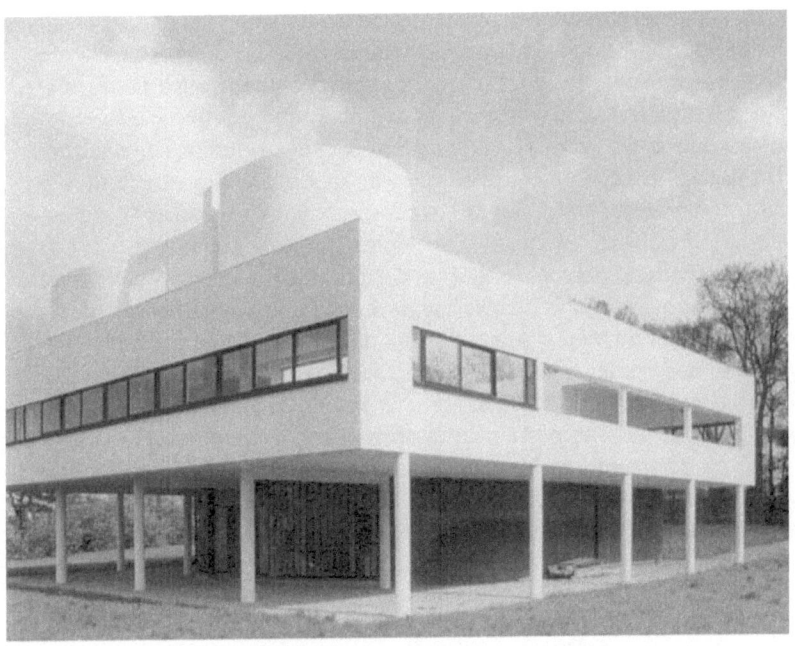

Le Corbusier, *Villa Saboya*, 1929, Poissy sur Seine.

manece, por tanto, libre de los obstáculos académicos con los que se ha encontrado el racionalismo. Pero un movimiento neoexpresionista en arquitectura no es algo que haya que promover; está en marcha desde hace varios años y revela todas sus lagunas. De Aalto a Paul Rudolph, de los jóvenes canadienses a la tan celebrada escuela japonesa, el neoexpresionismo es un fenómeno carente de carga contestataria, un mero síntoma del cansancio producido por el racionalismo. Visto que, para superar la tercera dimensión, se ha vuelto a la segunda, puede parecer nueva y original la reconquista de la tridimensionalidad obtenida mediante instrumentos matéricos, pastosos, plásticos, de génesis expresionista, y la disposición a lo imprevisible, a lo temporal, a lo no proyectado. Pero, en realidad, este neoexpresionismo opera sobre el envoltorio, sobre la silueta que, tal vez, se retuerce y se atormenta, no sobre los espacios. En los últimos años de su vida, Eero Saarinem lo había comprendido, más o menos claramente: en la terminal de la TWA quiere producir una imagen espacial, pero sólo lo consigue en clave virtuosa, y es sintomático que entonces no consiguiera dominar el envoltorio, como no lo ha conseguido Hans Scharoun en la Filarmónica berlinesa. Por utilizar la ambigua distinción francesa, el neoexpresionismo actual esculpe los volúmenes y, a veces, esculpe los espacios; se atormenta, en el mejor de los casos, buscando una relación entre espacio y volumen, pero en vano: la dicotomía operativa destruye el organismo arquitectónico y mucho más el urbanístico.

Hasta aquí la diagnosis. Nos preparamos para la conclusión, con reluctancia y malestar, porque, mientras se pone de moda la crítica que justifica y explica elaboradamente todos los modos sutiles de dilapidar la cultura moderna y les ofrece un armazón ideológico, resulta aburrida la crítica que permanece fiel a las grandes conquistas del movimiento moderno y denuncia su dilapidación. Es irritante hablar hoy de Frank Lloyd Wright, igual que era fastidioso hablar de Miguel Ángel después de su muerte o de Borromini después de su suicidio. Los genios son inoportunos, su anticipación se traduce en una mala conciencia que hay que reprimir. Si todo va bien, hay que esperar veinte o cincuenta años hasta que los artistas y críticos «redescubran» a un genio y, efectivamente, todavía no hemos recuperado el cubofuturismo y el constructivismo ruso, al menos en lo que respecta a la arquitectura. Si todo va mal, habrá que esperar cuatro siglos, como con Miguel Ángel el arquitecto.

En relación con Wright se ha hablado de impresionismo, funcionalismo, expresionismo, organicismo. Compendia estas corrientes y algo más. En Wright está la clave para superar el racionalismo sin volver atrás, el indicio de un neoexpresionismo que no se trate sólo de perspectiva, de una tetradimensionalidad que no se alcance sólo con instrumentos bidimensionales, de una fuerza matérica y gestual que no sea un mero pasatiempo epidérmico; en Wright está la clave de una arquitectura popular como arquitectura moderna.

Jamás será popular la *Villa Saboya* de Le Corbusier, espléndido prisma clasicista y autosuficiente, tan terminado en sí mismo e incontaminado que debe suspenderse sobre pilares. Pero *Falling Water* es extraordinariamente popular, aunque se haya construido para un millonario, porque, en cientos y cientos de casas modestas, para la pequeña y mediana burguesía, Wright ha mostrado cómo su lenguaje podía difundirse capilarmente. Jamás será popular una vivienda de Mies van der Rohe que, al confiársela al que la encarga, determina la exacta e inalterable posición de cada silla en cada ambiente. Pero cualquier edificio de Wright es popular porque puede ser vivido y amueblado como se quiera, tiene la capacidad de absorber lo feo, incluso de crecer sin perder el vigor inicial. Jamás será popular el *Museum of Modern Art* de Nueva York, ni el cuerpo original ni el añadido de Philipp Johnson, porque está concebido para las élites, si no para los esnobs. Pero el *Guggenheim Museum*, a pesar de todos sus críticos y de los grandes defectos debidos a la modificación criminal sufrida inmediatamente después de la muerte de Wright, es y seguirá siendo popular porque pertenece a la ciudad, continua la calle, parece un aparcamiento, lleva el disfrute de la obra de arte al público, está pensado en función del recorrido de los visitantes y no de la colocación aislada del objeto expuesto. Podemos esperar veinte o cincuenta años de jugueteo con la arquitectura «espontánea», las preexistencias ambientales, el neoexpresionismo, el neohistoricismo y los espacios esculpidos o arquitectados. Un día, alguien tendrá el estómago y el hígado de soportar la presencia de un genio y rescatará el método de formar la cavidad según funciones dinámicas y de corroer las paredes hasta convertirlas en pantallas en la continuidad entre interior y exterior. Ese día, el movimiento moderno recuperará el impulso ahogado tras la crisis racionalista, servirá al pueblo en la infinita gama de su individualidad y no a la masa, como hace ahora la arquitectura prefabricada neocapitalista.

Afirma con justicia Argan: «No se pide que sea el "pueblo" el que construya las casas y las ciudades como los primitivos construyen sus propias chozas y sus propias aldeas.» No obstante, si se quiere una arquitectura popular, hay que establecer una nueva relación entre el arquitecto y el usuario, institucionalizando la participación del pueblo en el proceso de proyectar las viviendas, de los barrios, de las ciudades. Wright ha representado las exigencias prácticas, psicológicas y morales de una vastísima clientela: la burguesía americana. «Para cada hombre, un estilo», decía, y no era una frase hecha. El que no conozca a Wright puede perfectamente repetir que era un egocéntrico incorregible, hasta el punto de que las obras construidas por él llevan su impronta en mucha mayor medida que la de los clientes. Pero esto no corresponde a la verdad. Hablad con las familias modestas que viven en las casas de Wright, estudiad las adaptaciones y veréis cómo, en el ámbito de algunos principios fundamentales, reflejan la personalidad específica del usuario acerca de la cual el arquitecto, en la soledad de Taliesin, tenía mucho tiempo para meditar. Wright rechazó siempre proyectar barrios de clases populares porque, a su juicio, la burocracia de las administraciones públicas impide la relación directa entre el arquitecto y el pueblo, transformando la *democracy* en *mobocracy* y el pueblo en masas y chusma.

El marco sociológico ha cambiado profundamente en los últimos años, también en los Estados Unidos; pero sigue existiendo la necesidad de la aportación del usuario al proceso de configuración de la arquitectura. Contra las rígidas concepciones cerradas de la arquitectura burguesa, es necesario garantizar la flexibilidad, la posibilidad de elección que ya favorece la técnica de la prefabricación, si se usa bien. Pensad en Marina City, esa doble pincelada a la Rauschenberg en el paisaje pop de Chicago.

Imaginad que se dejase a los habitantes la libertad de dar forma a su propia residencia, sobre los suelos disponibles, al 20%, 50%, 80%, en vez de situar los alojamientos de manera uniforme, mecánica, homogénea. Marina City se convertiría en símbolo de la arquitectura popular como arquitectura moderna, cuyo non-finito habría implicado un acto de confianza en los otros, la gente y el mundo, suponiendo un saber aprovechar, en una estructura orgánica y abierta, lo impredecible fantaseado por Constant en los proyectos expuestos este año en la Bienal de Venecia.

Hoy, en las construcciones clasicistas, en los espacios no pensados, sordos, insignificantes, cavidades negativas, resultantes de la especulación, nadie vive en su propia casa, en una casa que sea la extensión de la propia personalidad. La decoración queda como último refugio para conferir una individualidad superficial al ambiente y, por eso, toda la idiosincrasia se vierte sobre la decoración y el diseño, poniéndolos en crisis. Pero, en una arquitectura popular moderna, no existe el problema de la decoración como una operación superpuesta, en cuanto coincide con lo arquitectónico. No habrá necesidad de cuadros que corrijan paredes insulsas, ni esculturas a lo Anthony Caro como suplentes de un espacio dinámico. Después de siglos de imposiciones desde arriba, el espació será animado por el hombre, por el pueblo, que habrá reconquistado el derecho a intervenir en la creación del propio ambiente físico, psicológico y, en última instancia –tenía razón Pagano– del propio ambiente moral.

A la propuesta de Zevi de institucionalizar la participación del pueblo en el proceso de proyectar, Viganò, examinando el problema desde dentro, como arquitecto en activo, responde con una objeción de carácter práctico, apuntando, en particular, a la dificultad de la plena comprensión de la obra de arte por parte de un vasto público.

Viganò subraya cómo, a pesar de que la colaboración entre usuario y arquitecto en el proyecto de vivienda es deseable, dado el carácter de la cultura contemporánea, que tiende constantemente a la especialización, esta colaboración, sobre todo en la fase del proyecto, puede hacerse extremadamente difícil y, como la comunicación, se limite de hecho a una élite muy cualificada.

Adriano Viganò

Me parece que el término popular es, en muchos aspectos, tautológico e irrecuperable, porque creo que todo el mundo, en cualquier ámbito, tiende a producir en sentido popular. No percibo en ninguna disciplina, en ningún campo del arte, el interés o la intención de producir algo en términos que no sean de naturaleza popular y orientados a la popularidad. Y entonces pruebo a preguntarme por qué sentimos la necesidad del término «popular» y, dado que soy arquitecto, quiero intentar juzgarlo desde el punto de vista de la creación, del estímulo; es decir: no debemos examinar el problema desde el punto de vista de la crisis en la que se encuentra el proyectar, esto es: la dificultad que, de hecho, debe superar el proyectista, a pesar de la intención de popularizar, en el momento en que produce algo como objeto, como arquitectura. Por eso la acepción popular me parece necesaria sólo como referencia a otra cosa, y está justificada allí donde se tenga presente el problema de la crisis, de la dificultad del proyectar para ser popular.

¿Por qué hablo de crisis del proyectar? Porque, de hecho, me parece que la complejidad del tejido social sobre el que actuamos y sobre el que aplicamos nuestras investigaciones es lo suficientemente grande para no permitir ya, en general, juicios relativamente simples y, por tanto, interrogaciones simples sobre esta sociedad. Es decir, me parece que el proyectar está inserto en un proceso inventivo y productivo muy complejo, pienso que todo el arte contemporáneo está obligado a autoclasificarse como popular dentro de los límites en los que está, tal vez, constreñido, vinculado y sepultado. Me parece que este es uno de los motivos que pueden justificar la recuperación del término popular que, de otro modo, podría parecer tautológico y no necesario, esto es: asistimos de hecho, creo, a una situación muy particular en la que toda la actividad del pensamiento, hoy bastante más que en el pasado, tienden a la especialización. El artista, en toda su gama, se especializa, del artista gráfico al pintor, al arquitecto, al escultor, por lo cual cada uno de nosotros se ve empujado a actuar en el terreno más amplio posible y, aun así, sólo puede aportar un pequeño grano de arena al proceso ideológico de establecer una cierta disciplina a través de una cierta especialización, muy restringida y en el centro de los problemas. Si es así, está claro que las condiciones, precisamente en la fase instrumental, precisamente en la estructura de la actividad de proyectar, tienden a una posición de cultura y, por tanto, tienden fatalmente a la no comunicación, tienden a un estado de élite especializada, en vez de a una situación de comunicación fluida.

Y este es uno de los aspectos a estudiar donde se hable, como se hace aquí, del producto y del usuario, que son los dos personajes a la orden del día. A mi parecer, hace falta hablar también de la creación y la ideación, que es el tercer personaje que representa un papel fundamental y que es, por otra parte, el que tiene mayores problemas. Otro aspecto que creo que puede subrayar este estado de dificultad, de complejidad, es el que podría denominar el aspecto histórico-pedagógico del arte; es decir: el arte ha conservado siempre, en su historia de comunicación a la comunidad y, diría también, en su posición como estímulo del interior del propio artista, o del individuo, o del grupo (no importa cómo lo llamemos), un componente pedagógico. En definitiva, intervenimos, actuamos, estimulados por una voluntad de corrección, de modificación de una tipología sociológica o arquitectónica o figurativa porque, haciéndolo, creemos aportar una contribución de naturaleza generalizable y generalizada. Ahora bien, si esta hipótesis es correcta, de nuevo se determina una dicotomía entre un estado, una condición de artista, de creador, que se coloca fatalmente en la posición del pedagogo y, por tanto, de enseñante, y unos usuarios que se colocan fatalmente en posición de aprender; por tanto se da, de hecho, la dificultad de individualizar las dos categorías que tienden a encontrarse pero que, de hecho, en un cierto momento, no se encuentran.

Estas son las pequeñas consideraciones que me había apuntado y no sé en qué medida interesan. Las refiero aquí, primero, porque me lo ha pedido Zevi; segundo, porque me parece que debería ponerse sobre la mesa de esta discusión el problema del proyectar, como uno de los nodos de fondo del problema del arte popularizado. De esto depende que el problema se pueda resolver o no, o afirmar que el estado no puede hacer otra cosa que actuar en términos dialécticos entre el proyectar y los usuarios y, una dialéctica sistemática, que tiende a una aproximación en el tiempo, pero, tal vez, no se resuelva nunca. Puede que en estas condiciones se encuentren el estímulo y la posibilidad de subsistencia; o puede que sean otras las respuestas a una pregunta de este tipo, pero yo no estoy en condiciones de darlas en este momento.

Attilio Marcolli subraya cómo la civilización industrial ha conducido a una transformación radical de la sociedad y, sobre todo, a una profunda fractura entre el mundo de la cultura, del arte, por un lado, y el mundo de la producción industrial por otro. Pone en claro, por tanto, la necesidad de alcanzar una verdadera civilización industrial que, a diferencia de la civilización de masa, recupere la dignidad del individuo.

Después de iluminar algunos problemas particulares, Marcolli concluye pronosticando una revolución en la construcción que, disminuyendo el excesivo poder de los técnicos, los llamados directores ejecutivos (contables, empresarios, productores, directores de obra, burócratas, etc.), que son la causa de la división entre los arquitectos y la mano de obra, solucionaría la crisis entre ideación y ejecución, haciendo a los trabajadores conscientes de la finalidad de su trabajo y participantes en el proceso de ideación.

Marcolli, por tanto, parece querer conferir nuevamente al concepto de «arte popular» el significado originario de arte producido por el pueblo, aunque sea en colaboración con una clase de especialistas.

ATTILIO MARCOLLI

La racionalización del trabajo a consecuencia de los nuevos métodos industriales impuso a la arquitectura un doble objetivo: dar respuestas adecuadas a las funciones sociales y alcanzar una nueva síntesis estética. Un nuevo tipo humano se estaba formando en las sociedades que marchaban hacia la industrialización avanzada, producido como ha descrito claramente Gramsci en *Americanismo y fordismo*, por la producción industrial y por la economía planificada. Se requería un cierto ambiente, una cierta estructura social y un cierto tipo de estado, además del concurso de algunos elementos sociales que permitiesen al individuo sobrevivir y transformarse, como el prohibicionismo, un nuevo puritanismo, una composición demográfica racional, salarios altos, etc. En este proceso de transformación social radical se verifican algunas contradicciones, varios impedimentos y muchos estados de decadencia, a menudo paradójicos, que han provocado la merma del espíritu creativo y una profunda fractura entre el mundo de la vida, de la cultura, del arte, y el mundo de la producción industrial.

En arquitectura, se ha descubierto, no ya el objetivo del funcionalismo sino, sobre todo, el de conducir a este hacia una nueva artisticidad, posible sólo a través de la síntesis estética de los instrumentos y las cualidades primarias de la época, que son de tipo extensivo, como la materialidad del campo y de la región como territorio, la localización y materialización de la planificación, la conexión constructiva y estructural. Estas cualidades siguen un modo de conocer y proyectar eminentemente experimental. Hoy, tras la generación de los maestros, con el objeto de avanzar, frente al mecanismo actual de la cultura de masas, hacia una verdadera civilización industrial, donde verdaderamente sea rescatada la dignidad del individuo, se plantean algunos problemas que vuelven a proponer a la arquitectura los mismos objetivos, aunque en el terreno del arte popular. Entre estos problemas podemos enumerar los siguientes:

1. La arquitectura es *res aedificatoria* y se realiza mediante el dominio del espacio, por lo que es indispensable la elaboración de una ciencia del espacio y del proyectar. Ahora, para superar la actual fase de involución, es necesario volver a caracterizar a la arquitectura en términos de estandarización estructural, proyectar racional, coordinación urbanística, en cuanto estos términos son los que designan de modo concreto las diferentes investigaciones sobre el espacio, si es que es cierto que tecnología y arte, al revés de lo que pretendían los postulados de la llamada «revolución de los técnicos», deben crecer juntos hasta ser uno la expresión del otro.

2. La posibilidad de relación entre arquitectura y producción industrial dependerá de nuestra capacidad de reconocer cómo se recrean el objetivismo y el naturalismo. Para establecer esta relación, los maestros se empeñaban contra el tradicionalismo. Hoy se va contra un difuso modernismo sustancialmente antimoderno. En esta dirección, como nos advierte Husserl, se busca el origen de la crisis en el fracaso aparente del racionalismo, dado que la causa del fracaso de las culturas racionales no se encuentra en la esencia del racionalismo, sino sólo en su manifestación exterior, en su constante decaer, precisamente, en naturalismo y objetivismo. El nuevo tecnicismo, aquel dictado con el característico lenguaje de las tecnocracias es, de hecho, un «neonaturalismo», así como es «objetivista» la fase actual de las ciencias, cuando se las priva de su dimensión humanista, de los significados históricos y críticos que poseen las diferentes metodologías e investigaciones.

3. La formación actual del arquitecto, y de los profesores que deben orientar a nuevos artistas en el arte de construir, nos ofrece un balance enteramente negativo en lo que respecta a los métodos seguidos hasta ahora. En una escuela basada en el beneficio, desde el momento en que no

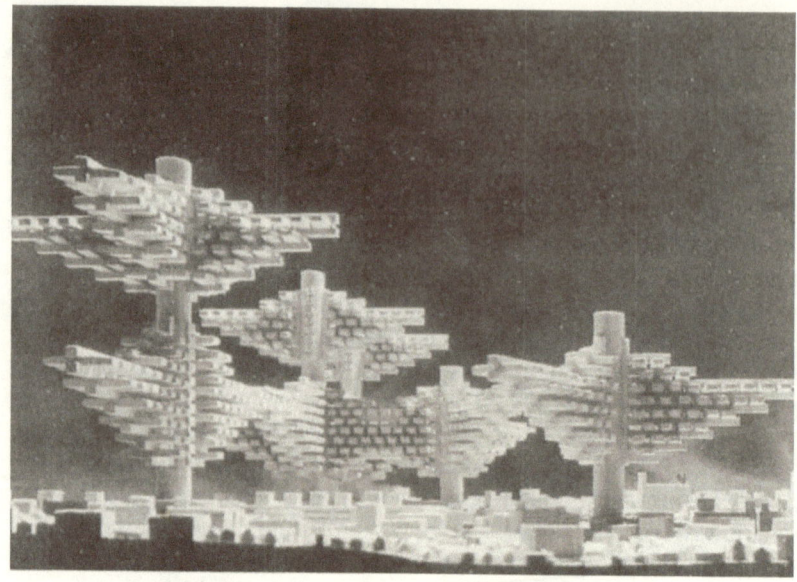

Arata Isozaki, proyecto de ciudad en el espacio, 1962.

hay prácticas en obras, laboratorios y *ateliers*, las investigaciones metodológicas y en grupo, cuando existen, no podrán nunca producir un lenguaje y una visión con sentido para la colectividad, que puedan ofrecer un aspecto urbano homogéneo. En el contexto de una formación excesiva de nociones y juegos matemáticos, se relega la actividad creativa, donde todavía se cree que pueda existir, a la imaginación pura. Además, no sólo la imaginación, sino también la invención, son fruto de la documentación visual y de la experimentación. Pero, para que esto pase, hay que comprender el concepto, propuesto por Susanne Languer, del «tratamiento» de los modelos mentales y experimentales de que disponemos hoy. También ofrecerá la posibilidad de superar ese mucho de barroco tan profundamente radicado en la arquitectura contemporánea. Si, actuando sobre realidades diversas, el *analysis situs* nos permite aferrar la esencia del colectivo, las modificaciones operadas sobre el ambiente y su dirección, el tratamiento nos permite conocer el *quid diferencial* de la técnica, los instrumentos, los materiales, las operaciones constructivas y las ejecuciones más idóneas.

4. El incremento de la producción y el consumo ha acentuado, no tanto las contradicciones entre el Este y el Oeste, sino entre el Norte y el Sur. En este caso se ponen en evidencia las antinomias entre: industrialización y

subdesarrollo; diseño industrial y diseño artesanal, estructuras tendentes a organizaciones fuertemente corporativas y estructuras resistentes o enrocadas en organizaciones familiares; ciudad y campo. Uno de los efectos desastrosos de estas contradicciones es la aparición de inmensas periferias materiales y morales, como consecuencia de la dramática superpoblación de los polos de desarrollo y las concentraciones industriales. Se hace indispensable encontrar un puente entre el urbanismo y la antropología estructural para volver a afrontar los problemas tipológicos y de los asentamientos territoriales mediante la clarificación del significado de los diferentes modos de vida, de trabajo y de intercambio. Después, la planificación a gran escala conseguirá frenar el proceso actual de erradicación de los entornos y las tradiciones.

5. Finalmente, se impone la necesidad de conocer en profundidad en qué medida la subdivisión del trabajo contemporáneo incide sobre la actividad del proyectar y cómo puede llevarse a cabo una actividad de coordinación. Actualmente, entre la mano de obra, la construcción, el trabajo de oficina y el arquitecto, el *atelier*, el proyectar, se inserta una cuña de técnicos, llamados directores ejecutivos, contables, empresarios, productores, jefes de obra, burócratas, etc., cuya función es necesaria pero que, sin un criterio de coordinación válido, termina por convertirse en un aparato ejecutivo que tiende a desbancar a quienes tienen cometidos y responsabilidades de ideación y decisión y a crear una fractura insalvable entre una mano de obra genérica, no especializada, no preparada, que permanece completamente ignorante del significado de lo que hace, que no participa activamente en el proceso de ideación, y el trabajo de proyectar que repercute sobre sí mismo, bajo los programas de construcción, reducido a una elaboración puramente cuantitativa de diseños. La revolución actual de la obra y del método industrial de proyectar nunca se completará sin dar una nueva solución, en consonancia con nuestra época, a la relación entre ideación y ejecución.

4. DISEÑO INDUSTRIAL

Además de la arquitectura, la otra posibilidad de arte moderno popular indicada por Argan se refería al diseño industrial. Dorfles especifica consecuentemente los términos del problema, esto es: en qué medida puede hablarse de diseño industrial como el arte popular de hoy y cómo este es, en la sociedad industrial y de consumo, en cierto modo, el equivalente al arte popular tradicional, ya desaparecido.

Los primeros intentos de considerar el diseño industrial como arte popular se remontan a Reyner Banham, quien, a pesar de eso, considera el diseño industrial como una forma artística inferior, extensible, sí, a amplios estratos culturales, pero siempre manifestación de un gusto medio, no elevado.

Dorfles, partiendo de un estudio de Herbert Read sobre el arte popular, definido como arte aplicado, que tiende a la abstracción y tiene carácter de universalidad, quiere reencontrar estas características en el diseño industrial. En efecto, según Dorfles, el diseño industrial, más allá de referirse sobre todo a objetos de uso común, (es decir, en la práctica, constituyendo el equivalente moderno del arte aplicado) podría definirse como «abstracto» en el sentido en que se separa de toda representación naturalista, y «universal» en cuanto tiene la capacidad de difundirse entre todos los estratos sociales y todos los pueblos. Aun así, si es verdad que el interés del consumidor (y, por tanto de casi la totalidad de la población) se dirige a los objetos de consumo cotidiano, también, de hecho, parecería que existe una fractura entre el diseñador industrial que crea el objeto y quienes lo adquieren. Ciertamente, si hoy no se puede pretender que los objetos de uso sean elaborados directamente por los consumidores, sí es necesario que estos últimos tengan la posibilidad de solicitar objetos que se conformen a sus exigencias y a su gusto. El problema no se planteaba en la sociedad artesanal, donde era más directa la relación entre los productores y los usuarios. Hoy, en la sociedad industrial, es como si el consumidor estuviese obligado a adquirir el objeto impuesto o, por lo menos, a escoger entre una gama de productos que ya ha sido seleccionada para él. Dorfles, aun así, resuelve el problema afirmando que la relación entre diseñador industrial y consumidor es más estrecha de lo que parece; puesto que el diseñador se ve empujado a crear objetos que satisfagan el gusto del público (precisamente por las exigencias del mercado), el consumidor, indirectamente, tendría la posibilidad de influir, con su elección, en la producción industrial.

RELACIONES E INTERFERENCIAS ENTRE EL ARTE POPULAR Y EL DISEÑO INDUSTRIAL
Gillo Dorfles

Entre las diferentes hipótesis formuladas a propósito del significado y la naturaleza del diseño industrial (D.I.), se recuerda mucho la –debida a Reyner Banham–,[1] que pretende identificar el D.I. con el arte popular (definida como «pop-art» en un célebre artículo de Friedler,[2] cuando esta expresión no había tomado el significado actual de una rama particular de la pintura).

Según esta teoría, el D.I. viene a considerarse en cierto sentido como ejemplo típico de aquellas formas artísticas –pseudo artísticas– incapaces de alcanzar los niveles elevados y sublimados de la alta cultura (*high-brow*) y obligado, por su propia naturaleza, a permanecer en el nivel del *mid* y del *low-brow*, de la media y baja cultura.

He creído oportuno recordar esta opinión (sobre la que se han ido entrelazando numerosas discusiones en los últimos veinte años, de McDonald y de Rosenberg a Adorno y Greenberg, por no dar más que algunos nombres, porque todavía conservan algunos aspectos atractivos y significativos, especialmente en un congreso como el de ahora, donde el discurso trata del tema del arte popular.

Entre los errores más frecuentes cometidos al considerar el problema del arte popular, ciertamente se debe indicar, a mi parecer, el de querer basarse a toda costa en la presencia de estas tres «clases» de arte (de medio, alto e ínfimo «gusto»), identificando el arte popular de hoy como arte «de poco valor» o como arte de ínfima especie, asignándole, en definitiva, un testimonio de «mal gusto» irremediable. También, muy recientemente, un ensayo de Kaplan[3] insiste de nuevo en considerar el arte popular de nuestros días, no ya el «folclore» (y con esto debemos estar de acuerdo), sino el *mid cult*. Pues bien: creo que esa perspectiva es errónea: si bien es verdad que el

---

1. Banham, R., «Industrial Design e arte popolare», *Civiltà delle Macchine*, 1955, n. 2, p. 6. En este importante artículo, el crítico inglés asimila el D.I. a un cierto tipo de arte popular, considerando «la estética del producto de consumo como la estética del arte popular»; pero, con este argumento, termina por «degradar el valor artístico del D.I. y por considerar sólo el peor arte como «arte popular».
2. Fiedler, L.A., «The Middle against both Ends», *Encounter*, agosto de 1955.
3. Kaplan, A., «The aesthetic of the Popular Arts», *Journal of Aesthetics and Art Criticism*, primavera de 1966. Después de afirmar que «al decir arte popular no me refiero a lo que, recientemente, ha sido definido como "pop-art"», Kaplan niega a la par la asimilación de arte popular al folclore: «y tampoco se debe confundir el arte popular con el arte folclórico», para afirmar, finalmente: «mi tesis es esta: el arte popular no es una degradación del gusto, sino inmadurez»; afirmación que, efectivamente, supondría una mediación.

folclore (incluido todo el artesanado que aún tiene salud y vitalidad) se debe considerar como un tipo de «arte popular» del pasado y, por tanto, destinado a desaparecer, hace falta, por otro lado considerar el *mid cult* como un elemento «de poca calidad» debido a la actual situación económico-social, que no es digno, por tanto, de pertenecer a la categoría de arte popular *tout-court* y que, sin embargo, es susceptible de ser mejorado en el futuro, algo que podrá hacerse efectivo mediante importantes transformaciones en las condiciones socioculturales de la humanidad. Hay que considerar, sin embargo, que ya hoy opera positivamente, en la esfera de las masas, una cierta categoría de objetos y de elementos que podríamos incluir en eso que desearíamos que fuese considerado el verdadero y propio «arte popular» de nuestro tiempo, como intentaré demostrar en breve.

Querría, llegado a este punto, recordar –al menos de pasada– otra opinión importante: la de Herbert Read,[4] que considera al arte popular (en este caso, no el arte popular de hoy, sino el de siempre) como caracterizado por tres constantes fundamentales:
1) Siempre es arte aplicado.
2) Siempre tiende a la abstracción.
3) Presenta una «universalidad» constante.

Estas tres características se pueden considerar también aplicables al arte popular de nuestros días, dando naturalmente al adjetivo «aplicado» un significado mucho más amplio del que se le daba tiempo atrás, considerando la tendencia a la abstracción como lo opuesto a la tendencia a la representación naturalista y entendiendo por universalidad de este arte su necesidad de ser aceptado y comprendido por cualquier clase y cualquier tipo de población de cualquier parte del mundo.

Pero lo que me parece indispensable dar por sentado, para evitar el entusiasmo fácil, es que no basta con afirmar que ya no es posible que exista el folclore o el artesanado, dada la rápida industrialización de toda nuestra sociedad, ni tampoco cómo hoy –tal vez para siempre– haya desaparecido la función religiosa y mística del arte. Lo que me parece indispensable afirmar –y que muchas veces se ignora o se omite– es el hecho de que, a pesar de todo, existe una «necesidad de arte», una verdadera «necesidad de estética» que se extiende a los estratos más variados de la población, no

---

4. Read, H., *The Meaning of art*, Londres, Faber&Faber, 1931 y 1951. Al arte popular se le define aquí como *peasant art* (arte campesino) y se afirma de él que «revela una tendencia sorprendente hacia la abstracción» y también que «la característica que nos deja más estupefactos [...] es su universalidad [...] Los mismos motivos, las mismas formas de abstracción, las mismas formas [...], parecen surgir espontáneamente [...] en todas las partes del mundo [...]».

ya con el aspecto de creación ingenuamente «popular», sino con un aspecto completamente diferente pero no menos relevante.

Permítaseme citar aquí un acontecimiento del que fui testigo hace un par de años: cuando fui invitado a conversar sobre el arte de hoy con un grupo de obreros metalúrgicos (con ocasión de la Semana del Libro Popular de Módena), me di cuenta a los pocos minutos de empezar a hablar de que el interés de estos trabajadores (todos, por otra parte, muy despiertos y atentos) «no podía» dirigirse de ningún modo a cuadros y estatuas modernas (de las cuales incluso ignoraban la existencia y que, de todos modos, no pertenecían a su esfera de interés). Entonces empecé a hablar de la aplicación del color a las carrocerías de los coches de carreras y de los utilitarios, de la forma de los electrodomésticos y de otras cuestiones relativas a problemas de la casa, de la industria, de la gráfica publicitaria, etc., y pude constatar que estos argumentos eran de máximo interés para mi auditorio.

Con esto, no es que quiera demostrar que el D.I., la gráfica publicitaria, etc. son *sic et simpliciter* las artes populares de nuestros días: y esto porque –si es verdad que el interés del consumidor (sea cual sea su categoría social) se dirige principalmente a estos objetos de consumo cotidiano (mientras que no lo hace, ni podría hacerlo, con el actual estado de cosas, a cuadros y estatuas que todavía están sumidas en un más allá inaccesible)– esto todavía no basta para identificar el momento productivo (o de ideación) con el de fruición.

El problema, en realidad, es un poco más complejo: en otro tiempo existía un *trait d'union*, una conexión entre los disfrutadores de una determinada forma de arte «popular» (es decir: el pueblo) y esa misma forma; y el que hacía posible esta conexión era, precisamente, el artista o el artesano (los dos términos coincidían casi siempre) capaz de dar vida a la obra. (El artista, por otra parte, como cuenta Mead,[5] en un estudio notable sobre ciertas tribus aborígenes neozelandesas, podía ser «elegido», ya desde su nacimiento, en función de un «signo» particular – por ejemplo, nacer con el cordón umbilical rodeando la cabeza de cierto modo, lo cual era considerado por aquellos pueblos como el indicio divino de una misión artística y de un futuro talento artesanal, que obviamente terminaba por desarrollarse en el sujeto mediante la enseñanza de los maestros).

Como quiera que estuviesen las cosas, incluso en una sociedad muy primitiva la presencia del artista se percibía como necesaria y se reconocía. Hoy, sin embargo, la producción en serie parece haber terminado con casi todos los

---

5. Mead, M., *Crescita di una comunità primitiva*, Milán, Bompiani, 1962.

derechos a la autonomía creativa de los individuos particulares; hoy, por tanto, el público consumidor ignora, en la mayoría de los casos, quién es el diseñador que da vida a la nueva forma del producto, de modo que este último parece surgir por «generación espontánea». ¿Como deberíamos considerar, por tanto, la relación entre «popularidad» de la fruición y «popularidad» de la creación? He aquí el momento crucial del problema. Existe un punto de encuentro demasiado delicado como para poder analizarlo exhaustivamente, pero que encierra el secreto de la participación efectiva del gran público en la producción del arte «popular» de nuestros días.

Aunque el consumidor ignore los nombres y los métodos relativos a la producción del objeto industrial y el diseñador esté convencido (lo cual es verdad sólo en parte) de estar dando vida a un producto original y autónomo, existe cierta «simbiosis»: simbiosis de gustos y simbiosis de usos (y de funciones), en virtud de las cuales se crea una amplia categoría de objetos de consumo (a los que me he referido antes, puestos a disposición de las masas y deseados, e incluso idolatrados por estas) de un modo que producen el disfrute y la satisfacción de estas «masas». Se producen, por tanto, como «arte popular», mientras se determina el mismo impulso, en dirección opuesta, por parte de los consumidores y termina por influenciar –directa o indirectamente– al diseñador, que es empujado a crear de determinado modo, según determinado «estilo», etc., precisamente en virtud de este efecto rebote. Lo que digo no sólo se aplica a determinados electrodomésticos, a ciertos «gadgets» de la casa sino, por ejemplo, a todo ese conjunto de «juegos» que vemos hacer furor en nuestros bares, en nuestras playas... Vale también por esa vastísima producción (que pertenece sólo marginalmente al tema de mi relación, pero que sí pertenece plenamente al arte popular en general) de la llamada «música de consumo», grabaciones de canciones de baile, cómics para niños y adultos, películas de gran difusión, etc.

¿Cómo podríamos definir estos productos si no como equivalentes contemporáneos del arte popular de ayer, del ánfora, del frasco, de la alfombra o del tapiz, del carro decorado, de las ropas y las armaduras que producía el artesano medieval, renacentista, etrusco o inca en tiempos pasados?

Naturalmente, la objeción fácil que se puede aducir en este momento es que no se puede parangonar de ningún modo el carácter extremadamente refinado de cierto artesanado antiguo con la tosquedad del *juke box*, las máquinas del millón y los juegos electrónicos de tiro al blanco, ni tampoco la deliciosa ingenuidad de los carruseles antiguos o de los *puppi* sicilianos con la vulgar estridencia de las figuras producidas en serie para nuestros parques de atracciones o nuestros anuncios luminosos.

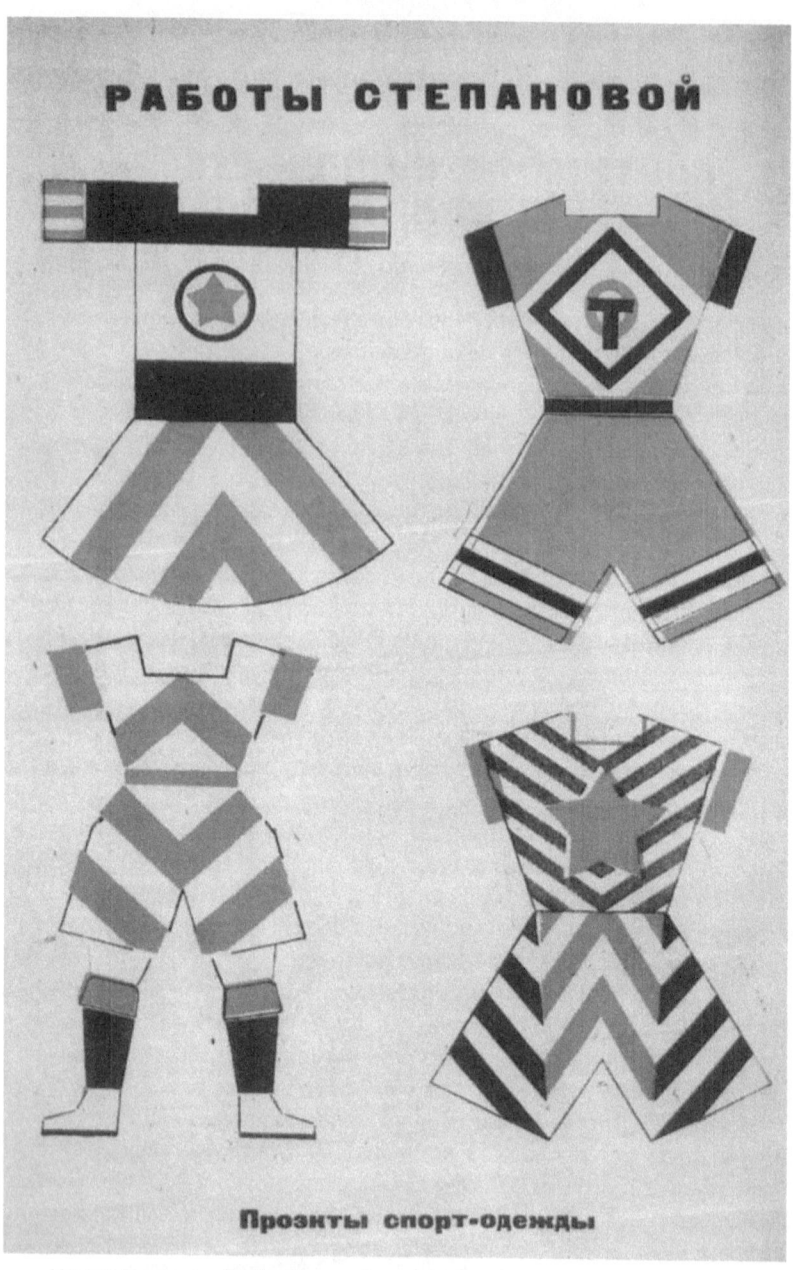

Varvara Stepanova, diseños de ropa deportiva, reproducidos en la revista *LEF*, nº 2, Moscú, 1923. © VEGAP, Sevilla 2004.

Pero no olvidemos (y no quiero detenerme en un punto ya tratado otras veces, y por otros) que lo que hoy se define como «pop-art» (y que tiene bien poco en común con el arte popular porque, como se ha afirmado a menudo, es, sobre todo, un arte de élite) tiene, a pesar de todo, muchas relaciones con esos productos de gran consumo producidos por la industria de los que hablaba hace un momento. Por lo menos, se ha adueñado de ellos muchas veces, percibiendo el impacto provocativo y simbólico que emanaba de ellos. Y esto bastaría para decirnos cómo, en cierto momento, la eficacia semántica e icónica de algunos objetos de consumo, de algunos «juegos de las masas», es más fuerte y más genuina que la de muchas obras de arte de élite, extremadamente refinadas pero extremadamente exhaustas.

Y, por otra parte, no olvidemos que, si muchos productos de consumo son elementos simbólicamente eficaces para la estructuración de los nuevos panoramas de la civilización industrial, existe, por otro lado, toda una serie de objetos pertenecientes al sector del D.I. de los cuales hay que convenir que constituyen lo mejor y más significativo que se ha producido en este campo, no sólo desde el punto de vista del gusto «popular» sino también de un gusto de élite. Pues bien: el hecho de que algunos excelentes modelos creados por la industria hayan difundido y generalizado algunas constantes formales de nuestra sociedad de consumo nos muestra cómo estos objetos, producidos industrialmente y en serie, se adaptan perfectamente al gusto de la masa.

He aquí por qué, si se quiere reflexionar hoy sobre el arte popular, no se puede prescindir del sector del D.I. que constituye, en cierto sentido, la única prolongación directa de aquélla *vis* formativa radicada en la constitución psico-fisiológica misma de la humanidad, la cual también deberá salvaguardar para el futuro la posibilidad de conservar en el hombre un impulso de estructuración artística de su «dominio étnico».[6] No debe sorprendernos que exista todavía, y esté destinado a existir en el futuro, ese otro gran ámbito de la creatividad instintiva del hombre que se muestra en el arte infantil, en el arte de los naífs, en las formas –casi siempre deficientes– del arte religioso, ingenuo, subproducto del arte culto; pero, ciertamente, no serán estas expresiones las que representen dignamente al arte popular a menos que este no sea, de entrada, depositario de síntomas degenerativos y recesivos. Mientras tanto, pienso que será en el sector del diseño industrial (y en parte en el de la gráfica y la señalética) donde las mejores fuerzas de la creatividad humana podrán fundir las tendencias del gusto refinado y de élite con las del gusto compartido por la totalidad de la población de una nación.

---

6. Esta definición, aplicada a la arquitectura, recuerda a Susanne K. Langer, cfr. *Sentimento e forma*, Milán, Feltrinelli, 1966.

Después de coincidir con la mayor parte de los participantes en el congreso en la imposibilidad de encontrar en la situación actual un arte popular entendido como arte hecho por el pueblo, Piero Raffa expresa la necesidad de plantear el problema en términos más realistas, que tengan en cuenta la situación real, de modo que se evite cometer el error de proponer soluciones que, si bien son deseables, de hecho son utópicas. Raffa realiza, pues, un rápido examen de la sociedad actual considerando, en primer lugar, cómo hoy existe un público vastísimo al que podría destinarse el arte aunque, continúa, objetivamente las manifestaciones artísticas tienden a restringirse a una élite de consumidores. Y esto porque se ha creado una fractura profunda entre arte y público, fractura que ha ido aumentando tras el gran desarrollo de los «mass media». Todos los intentos de los artistas de resolver la crisis han fracasado; al contrario, la conexión entre el arte y el público ha tenido lugar con el desarrollo de la industria cultural la cual, sin embargo, presenta un nivel de calidad bastante bajo. Otro intento sería el del diseño industrial, pero también éste ha terminado con una media derrota en cuanto «la producción de calidad sólo es consumida por la élite». ¿Cuál es, por tanto, la causa de este fracaso? La respuesta, según Raffa, hay que buscarla en la propia estructura de la sociedad contemporánea: hoy no se puede hablar de arte popular por el simple hecho de que no existe pueblo, como organismo consciente y autónomo; existen sólo las masas, confusas y amorfas, las cuales no muestran ni insatisfacción ni preferencia por lo que se le ofrece y cuya cultura, por tanto, no es cultura popular, sino de «mass media»; el problema fundamental y más urgente, por tanto, sería, en último análisis, un problema social y político: ver cómo se puede rescatar a las masas y llevarlas de un estado de indiferencia pasiva a una condición de autoconciencia y conocimiento.

ARTE POPULAR Y SOCIEDAD INDUSTRIAL
Piero Raffa

La expresión «arte popular» puede entenderse de dos modos: en el sentido de un arte del pueblo, es decir, hecho por el pueblo, y de un arte *para* el pueblo, es decir, disfrutado por un público de masa. El primer significado es de carácter histórico y, podría decirse, arcaico, convertido en obsoleto por la llegada de la civilización industrial de masa; de modo que su tratamiento, hoy en día, equivale a inaugurar un discurso más o menos hipotético y problemático. Y de esto hablaré más delante. El otro significado es el sociológico y normal, que presenta, por lo menos, la ventaja de tener una referencia real. Existe, ciertamente, un vastísimo público potencial, que nunca ha existido hasta ahora, al que podría destinarse el arte. Digo podría. De hecho, sin embargo, desde hace más de un siglo, ya no tiene lugar el fenómeno, natural en otros tiempos, de un intercambio continuado entre producción artística y público disponible; más bien se ha producido entre ellos una fractura cada vez más profunda, que se ha institucionalizado con el desarrollo masivo de los «*mass media*» y ha dado lugar a verdadera extrañeza e indiferencia.

Sabemos que los intentos generosos de algunos artistas de nuestro siglo de salvar el foso y hacer «arte para el pueblo» han fracasado por regla general, ya sea cuando el resultado ha sido un arte de élite, a pesar de la voluntad del artista, o cuando ha sido, por el contrario, algo inauténtico y reaccionario. Mientras tanto, la industria cultural ha llevado a cabo, al menos en el aspecto sociológico, esa reunión de arte y público que no fue posible por los esfuerzos necesariamente débiles, esporádicos y aislados de los artistas. En este sentido puede decirse con el lenguaje indiscutible de los hechos que existe y prospera un «arte popular», sea el que sea. Desgraciadamente, este arte, desde el punto de vista cultural cualitativo, no nos satisface de ningún modo y nos confirma esta convicción el lenguaje de los «integrados» y de los gerentes de la industria cultural, que se parece mucho a las lisonjas que se usan con los niños para inducirlos a tragar una medicina desagradable.

Restringiendo el discurso a las artes funcionales, que parecen ser las más idóneas para alcanzar la solución deseada, y en particular al diseño industrial, debemos constatar que, si bien se ha vencido en la primera batalla, en el plano intelectual y del gusto, contra el prejuicio que suponía incompatibles lo útil y lo bello, permanece, sin embargo, el mismo impedimento contra el cual luchaba W. Morris, que buscaba «un arte del pueblo para el pueblo» en la resurrección del artesanado. También él, como los artistas que he recordado, hubo de darse cuenta a su pesar de que la producción de calidad sólo llega a una élite de consumidores. Y ésta es todavía la situación.

Pero hay más. Morris, a quien se le recuerda como un nostálgico admirador del Medievo, había previsto, sin embargo, que el desarrollo industrial dejaría al trabajador el tiempo y el bienestar necesarios para realizar el ideal de «un arte del pueblo para el pueblo». De su previsión sólo se ha hecho realidad una parte, refutando la perspectiva de quienes, como Dewey, pensaban que era posible integrar el arte en el trabajo industrial como «gozo de hacer cosas». Con los desarrollos tecnológicos del trabajo industrial, que es más árido y alienante que nunca, no es posible engañarse con esa visión idílica. De hecho, hoy es preferible volver a poner las esperanzas en el «tiempo libre». Pero el tiempo libre se configura según el carácter del trabajo y de toda la civilización industrial. Las masas, de este modo, en vez de dedicarse a las nobles actividades humanísticas que soñaba Morris, buscan en el tiempo libre distracciones y compensaciones de naturaleza bien diferente, casi siempre culturalmente banales, si no suicidas, como «morir en la carretera».

Y, con esta constatación, el discurso vuelve al punto inicial, cuando me he referido a la no actualidad del término «pueblo». Lo que existe hoy es una masa de consumidores y la desgracia está en que esta masa no manifiesta, sin distinción de clase e ideología política, ninguna insatisfacción por lo que se le ofrece, es decir, se siente perfectamente integrada en el sistema. Por eso el llamado «arte popular» suministrado por los «*mass media*» es una industria próspera. Osaría decir que esta situación nos permite criticar la consigna, ciertamente facilona y demagógica, lanzada a su tiempo, según la cual el arte «progresista» sería un arte ligado a la vida del pueblo. A la luz de los desarrollos de la civilización industrial bajo cualquier régimen político-social parece verdad lo contrario, que el «pueblo», si todavía se quiere llamar así, es reaccionario desde el punto de vista de la cultura. En cualquier caso, está de parte del *establishment* industrial y esta circunstancia es la que desarma al hombre de cultura en general quien, en particular, considera improponible hoy, si no es de forma utópica, un discurso sobre el arte popular en los dos sentidos que he señalado al principio.

Si se considera al pueblo como sujeto creador, hay que preguntarse si existe el pueblo en esta sociedad; si se le entiende como disfrutador de arte auténtico, hay que ver cómo se puede despegar a las masas de su indiferencia satisfecha.

5. LOS «MASS MEDIA»

Ya Raffa, como hemos visto en el capítulo precedente, ha negado la validez de las propuestas del diseño industrial, considerando de forma realista la situación actual, y ha hablado, en clave pesimista, de los «mass media» como los equivalentes contemporáneos del arte popular. Guido Montana confirma la imposibilidad de considerar, en el estado actual de cosas, al diseño industrial, la arquitectura y el urbanismo como artes populares, en primer lugar, porque son soluciones impuestas desde arriba. Después, sobre todo, porque, para que estas manifestaciones sean verdaderamente populares en el sentido de que sean entendidas y comprendidas por un amplio estrato del público, es necesario resolver el problema de la cultura y de la educación del pueblo, es decir, sería necesario que el público en general estuviese culturalmente preparado y en situación de comprender tales fenómenos pero, entonces, el problema del arte popular como algo distinto al arte culto ya no existiría.

Al contrario, Montana repite que el discurso actual sobre el arte popular debe necesariamente tratar de las imágenes-tipo del hombre común, en resumen, sobre la publicidad, los cómics, etc. El problema que se plantea sería el de eliminar la vulgaridad y el carácter genérico de estos medios de comunicación tan difundidos y llevarlos a un nivel estético más cualificado. Como ejemplos de intentos en este sentido, Montana cita los nombres de Lichtenstein y de Steinberg. Lichtenstein asume el cómic aislado del contexto de la historia narrada y lo vuelve a proponer como valor lingüístico puro. Esto transfiere la atención del espectador del contenido del cómic al signo convencional con el cual se comunica ese contenido. Steinberg propone, por el contrario, soluciones gráficas insólitas para romper con el carácter convencional de un lenguaje ya difundido a los más amplios estratos sociales. De este modo, reinventando el signo, despierta las facultades críticas de los espectadores, poniéndolos en situación de asumir una posición activa, de juicio, frente a las convenciones de los «mass media», poniendo por tanto en crisis todo el sistema hipnótico y mítico de los carteles y las imágenes publicitarias, intentando, en último análisis, despertar la conciencia crítica de las masas.

LOS NUEVOS SIGNOS ICÓNICOS DE LOS «MASS MEDIA»
GUIDO MONTANA

El discurso sobre el arte popular es, sobre todo, un discurso sobre las imágenes tipo del hombre integrado: la publicidad, los cómics, etc. A menos que se quiera retroceder a las fuentes del folclore o –peor– formular un neofolclorismo de imitación destinado a las masas urbanas, no vislumbramos qué otra iconografía podría sugerirnos mejor la realidad viva del arte para el pueblo. Si, además, queremos considerar, no un arte *para*, sino *del* pueblo, entonces debemos buscar detenidamente para terminar preguntándonos, finalmente, si existe hoy este tipo de arte y si tiene posibilidad de existir. El arte popular es expresión de sociedades y culturas preindustriales y preiluministas; en una sociedad basada esencialmente en el empirismo y en la razón subjetiva, como es la sociedad occidental contemporánea, el componente popular se reduce sólo a la mera e incierta supervivencia folclórica.

La mimesis, ampliamente rechazada por el arte actual ha sido, sin embargo, acogida por el hombre masa. Es difícil, por tanto, concebir un campo abierto a la creación popular autónoma. Esto presupondría la hegemonía efectiva del pueblo sobre la cultura subjetiva y racionalista, en realidad neoempirista de nuestra época; lo cual –como sabemos todos– está bien lejos de la realidad. Hoy, en los alojamientos populares –y sobre todo en las casas de las colonias rurales– no encontraréis objetos y cuadros de genuina inspiración popular, sino las difundidísimas oleografías adquiridas en la feria del santo patrón, producidas en serie por las manos de pintores copistas los cuales, como se sabe, constituyen el colmo del mal gusto mimético de la actual civilización de consumo. Por lo demás, es complicado atribuir el sentido de *popular* a lo que hoy llamamos impropiamente artesanado, que se ha convertido –y lo demuestra constantemente– en la mera aprehensión e imitación de lo que se realiza en el ámbito del arte culto (algo que, obviamente, no implica la fruición real de los valores estéticos del arte moderno). Basta haber visitado las diversas ferias del artesanado para comprender que no hay nada de autónomo ni de «popular» en ciertas imitaciones.

Si, en fin, queremos instituir una relación entre diseño, arquitectura, urbanismo y la noción de arte popular moderno, entonces deberemos considerar el problema en su peculiar aspecto didáctico y formativo; cualquier solución, sin embargo, sería ofrecida desde arriba, desde el grado de la cultura artística. Por, tanto, es previsible que, el día en que se afrontase seriamente el problema, en una especie de Bauhaus del pueblo, ya no se trataría de arte popular, porque se habrían resuelto los problemas de la enseñanza y de la fruición social al nivel estético y cultural más avanzados. Nosotros lo deseamos, pero esto querrá decir entonces que el hombre masa habrá salido de la masa y habrá refutado el concepto de «popular» y, con mayor razón, el concepto ambiguo y convencional de «colectivo» para introducirse en una experiencia de «nuevo arte» que será simplemente eso, sin más adjetivos.

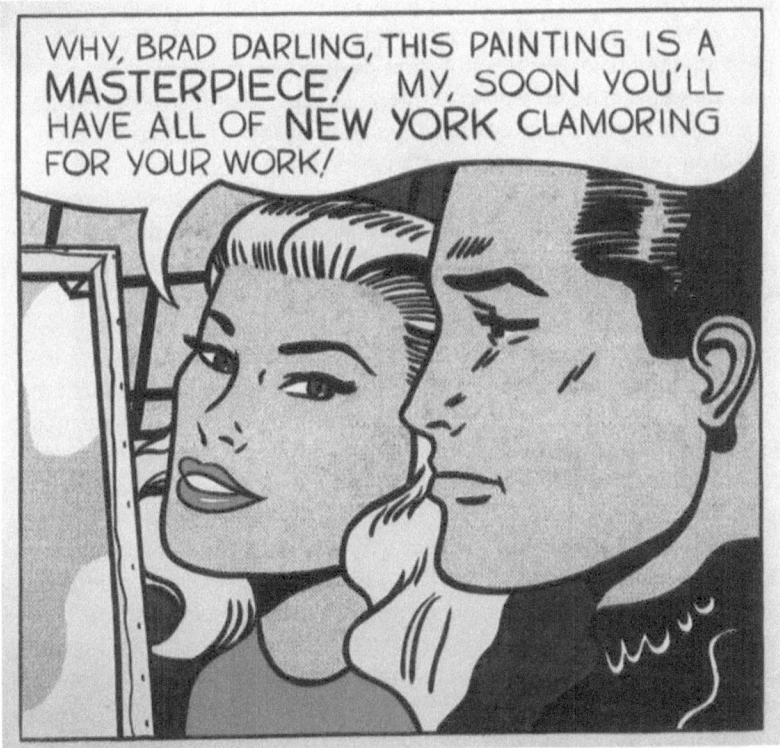

Roy Lichtenstein, *Obra maestra*, óleo sobe tela, 1962, col. Hirsch, Beverly Hills.
© The Estate of Roy Lichtenstein, VEGAP (España), 2004.

Para ceñirnos al tema de este congreso y bien anclados en la realidad presente, debemos hacernos esta pregunta: si los signos icónicos de los «*mass media*» constituyen el único elemento importante para poder juzgar la condición actual de la iconografía para el pueblo, ¿en qué medida pueden estos constituir una apertura hacia la expresión y la esteticidad?

Cuando Lichtenstein realiza la gigantografía del cómic, en realidad está encarando el problema que hemos planteado ahora: el de transferir la noción de esteticidad a las difundidísimas imágenes de los «*mass media*». Extrae el cómic del contexto convencional para volverlo a proponer en un ámbito particular de funcionalidad. No es que proponga un signo diferente, arbitrario; se limita a ennoblecer el signo existente, colocándolo en una perspectiva de fruición diversa; como si dijese: mirad, esos dos que se besan no son sólo elementos de la historia que se está narrando, sino que también constituyen aquellas convenciones del signo a las cuales os habéis habituado permanentemente. ¿Estáis satisfechos de este modo de ver las imágenes que os interesan? El hombre masa es interpelado por el artista de este modo –si puede hablarse de interpelación– para que considere y disfrute de acontecimientos creativos que desconocía anteriormente. Lichtenstein propone uno: el de una imagen aislada de su contexto narrativo inicial, mediante lo cual tiene lugar una ruptura anticonvencional; a pesar de que no se propone un signo *arbitrario* y, por tanto, irónicamente creativo. De cualquier modo, se pone en duda la convención icónica y esto tiene su importancia.

Si examinamos los varios filones narrativos de las historias con imágenes, vemos que cualquier argumento, por no decir cada situación, se caracteriza por sus soluciones gráficas casi idénticas: cada cierto tipo de historia tendrá un determinado modo convencional de representar a los personajes y la misma ambientación, y esto constituye el género del cómic. Incluso los héroes más celebrados, como Mickey Mouse, el pato Donald o Flash Gordon, se revelan, en fin, como convenciones gráficas que han alcanzado el grado más alto de difusión social, hasta el punto que, hoy en día, un ratón es más fácilmente reconocible en la iconografía de Walt Disney que en un libro de zoología, donde siempre podría surgir la duda sobre la identidad del roedor. El modo convencional de representar permite al cómic alcanzar esa amplísima difusión de que goza actualmente y que, con seguridad, constituye su límite.

Si tomamos, por el contrario, un dibujo de Steinberg, notamos inmediatamente la fuerte carga irónica y contestataria, desmitificadora frente a la convención estable del signo caricaturístico o satírico. Se da, por tanto, una relación problemática entre el signo y la invención, por la cual el artista no asume situaciones figurativas previsibles o convencionales, sino que *encuentra* y descubre continuamente la representación inédita, a través del pleno dinamismo y la ironía del signo. Todo esto provoca la crisis de nuestra percepción y, en definitiva, el modo de juzgar las convenciones mismas de los «mass media». Puede, ciertamente, intuirse que, si se inserta en la imagen «narrada» una expresividad diversa de tipo irónico, tiene lugar en realidad la transferencia de la atención de la narración visual al signo y ello ofrece una posibilidad de desmitificar, no tanto la imagen-narración, sino las convenciones gráficas que tienen a la historia como base narrativa. En este caso, aceptamos, en el seno de la banalidad convencional, un modo diferente de aprehensión de los signos que, para el lector de la imagen-narración, supone una modificación efectiva de la calidad.

Por el contrario, la oleografía populista se dirige al público bajo el presupuesto de una iconografía inmodificable, como si ese mismo público no pudiese sonreírse ante sus propios límites y su propio gusto. Esta ha sido probablemente la razón por la cual, en la URSS, la iconografía stalinista fue esencialmente oleográfica, porque así se aceleraba la disolución de una posible iconografía popular, independiente y autónoma respecto a la ideología y el culto a la personalidad. Cuando Picasso hace el conocido retrato de Stalin (irónico y desmitificador), el Partido Comunista Francés se alza contra el artista español porque –se dice– Picasso «no había representado a Stalin del modo en que era conocido y amado por millones de trabajadores de todo el mundo». Esto demuestra que el signo creativo e irónico, por su carácter problemático, introduce una capacidad potencial de contestación dentro de la iconografía popular. En otros términos, es un signo que reconstruye los elementos de cierta cultura en una representación anticonvencional y dinámica y es, por tanto, un elemento que, de cualquier modo, contribuye a modificar la conciencia del hombre-masa.

6. CINE

Después de resumir las etapas del largo y difícil proceso de inserción del cine en el ámbito de la obra de arte, Guido Aristarco pasa a exponer las teorías de Walter Benjamin.

En 1936, cuando ya se había consolidado la convicción de que el cine podía ser considerado obra de arte, Benjamin sostiene, por el contrario, que son precisamente el cine y la fotografía los que han contribuido a transformar radicalmente el concepto de arte tradicional. Es cierto que, con la aparición de estos nuevos medios expresivos, habría terminado por caer uno de los presupuestos base de la obra de arte: el de la unicidad, de la no reproducibilidad, por la propia posibilidad del cine de ser reproducido infinitas veces.

Y sería precisamente por su carácter de gran difusión, más que por la posibilidad intrínseca del lenguaje cinematográfico de impactar directa, inmediata y violentamente sobre el espectador, por lo que, concluye Aristarco, el cine (tal vez igual que hoy la televisión), estaría destinado a considerarse el verdadero arte popular de nuestros días.

EL CINE Y LA NOCIÓN DE ARTE TRADICIONAL
Guido Aristarco

Durante treinta o cuarenta años en nuestro país, recuerda Giacomo Debenedetti en 1950, la ocupación de cualquiera que manejase una pluma consistía en reflexionar sobre arte; y precisamente porque éramos así de puntillosos, de intransigentes al discernir entre lo que era y no era arte, aquellas discriminaciones, una vez admitidas, pasaban a ser juzgadas. «En el caso del cine, esto tiene lugar cuando en nuestros cenáculos comenzó a correr la voz: Benedetto Croce ha ido al cine. Lo hecho, hecho está.» En un breve escrito aparecido en 1948 –*Il cinematografo e la teoria estetica*– Croce recuerda haber despachado, con una refutación radical, todas las controversias originadas por los llamados «medios expresivos», sobre su distinción y oposición, y la posibilidad y el modo de relacionarse estos para alcanzar un efecto artístico. Las dificultades que parecen surgir y que se manifiestan como derivadas de estos medios, excluyendo ellos mismos todo fundamento de verdad, –continúa– no se resuelven lógicamente, sino que pertenecen al hacerse de la obra de arte y sólo las resuelve el gusto y el genio artístico. Las distinciones entre las artes, poesía, música, pintura, etc. –añade Croce– proporcionan un criterio práctico para la clasificación y, por tanto, para el examen de la obra de arte desde fuera de esta, pero no son útiles frente a la simple realidad de que toda obra de arte individual tiene su propia fisonomía y todas poseen la misma naturaleza, porque

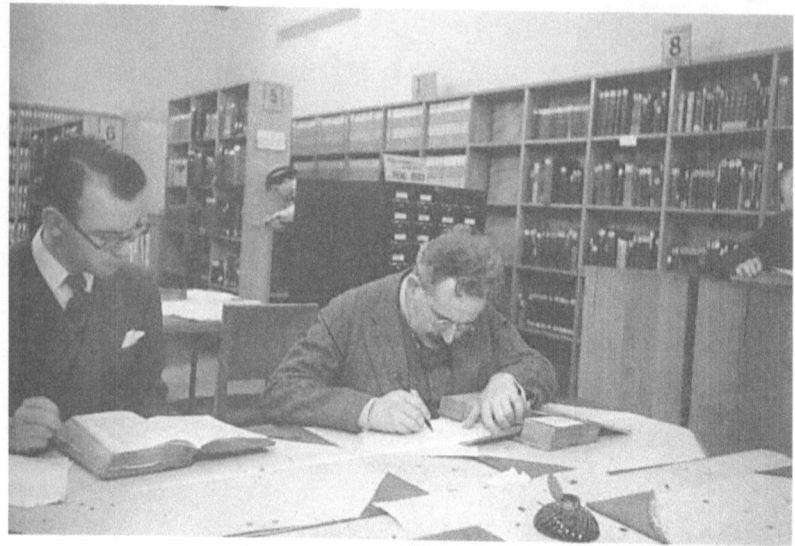

Walter Benjamin en la Biblioteca Nacional de París, 1937.

todas son, a la par, poesía o mejor, si se quiere, todas son música, todas son pintura y similar. «Por tanto, un film, si se siente y se juzga como bello, tiene todo el derecho a ello, y no hay nada más que decir».

La voz clara y tranquila de Croce pone fin a largas controversias y confirma de nuevo, quizá con sorpresa de no pocos intelectuales, la ciudadanía del cine como arte. Rápida y cualificada fue la movilización de la estética croceana del cine tras la intervención directa del filósofo. Ya en el lejano 1926, en las páginas de la revista milanesa *Convegno* de Enzo Ferrari, Antonello Gerbi señala el camino de aquella operación. Las artes, escribe, son desconocidas para la filosofía de lo bello: no tienen existencia real: existe el arte y no podemos decir que el Partenón lo sea, sino que las llamadas artes –la pintura, la escultura, etc.– constituyen simples agrupaciones con un objetivo práctico, conceptos empíricos. Ciertamente, podemos juzgar como bellos un cierto cuadro o una estatua en particular, continua Gerbi, pero sostener que la pintura o la escultura son bellas es un frase vacía, ni verdadera ni falsa, sino irrelevante. La estética (y él alude *tout court* a la croceana) nos prohíbe también decir que el cine es arte: arte son las obras, no los medios técnicos mediante los cuales se producen, una película, no el cine. Este es una nueva técnica, un nuevo instrumento de expresión; al igual que la métrica, la pintura al óleo, el cemento armado, que permiten fijar ciertas expresiones y obtener ciertos efectos, pero no pueden tener de por sí la virtud de crear lo bello: la belleza es siempre producto del artista. Y, en el cine, un poeta puede encontrar la plenitud de su expresión: las «intuiciones» cinematográficas son posibles.

La operación de Gerbi nace de una doble exigencia. Por un lado, la de apoyar la legitimidad del cine como arte; por otro lado, la de oponerse a los entusiasmos sin reservas, a las virtudes milagrosas que los místicos, especialmente los franceses, andaban, precisamente en aquellos años, atribuyendo al «nuevo» medio. A la confusión, a las ideas sumarias, él opone criterios «más sutiles y cánones más rigurosos sobre el propio terreno de la estética croceana». Y su escrito *Teorie sul cinema* constituye un punto de referencia fundamental. A él remite explícitamente, en 1931, Giacomo Debenedetti, ya convertido al cine tiempo ha, resaltando sus potencialidades y sus equívocos. El cine expresa sentimientos y afectos, escribe: es el resultado «sui generis» de una invención poética y activa y de un testimonio documental; su mayor fuerza reside en brotar del ojo visionario y creativo de un poeta combinado con el ojo, que puede parecer mecánico y sin alma, de la cámara. Más bien, el verdadero director de cine encuentra un nuevo ojo en el objetivo, el suyo; hace de él un instrumento de exploración que ejecuta el deseo de exploración y descubrimiento, recorre el camino de la inquietud humana, para plasmar tales documentos, que, tal vez, nos hubiesen impedido fijar el pálpito de nuestros propios deseos, los sobresaltos de nuestra propia inquietud.

La movilización de la estética croceana a favor del cine continúa con el primer Umberto Barbaro, Raggianti y Alberto Consiglio. Estos son, ya en aquellos lejanos años, «científicamente inmunes a todo residuo de rencor» hacia el cine. Los años veinte registran otras conversiones clamorosas: de Gugliemo Alberti a Piero Gobetti, admirador de Chaplin. Ya, también en virtud de esta movilización croceana, el cine comenzaba a formar parte de los hábitos de muchos intelectuales. En un número de *Solaria* de 1927 se lee: «se está formando una tradición crítica e inteligente en torno al cinematógrafo, un gusto auténtico y característico del arte del cine». Antes, al discutir sobre esto, declaraba Debenedetti, nos veríamos constreñidos a deber justificar un desinterés casi apriorístico, nos anegaríamos en los lugares comunes de la desconfianza. Esta todavía no se ha aplacado completamente. En cuanto al mal humor y a la desconfianza que muestran los hombres de gusto exquisito con referencia al cine, subrayaba Croce en su «pequeño escrito», se advierte el mismo sentimiento hacia el teatro, no referido al arte del actor o del director, sino a la perversión estimulada por la intervención de los intereses de la industria para satisfacer las demandas extraartísticas del público.

A la antigua polémica sobre si el cine pueda tener o no ciudadanía artística se añade otra no menos antigua pero que, sólo hoy, mas que volver a emerger, se va planteando en Italia por obra de un joven estudioso, Armando Plebe: el envejecimiento del arte, también en lo que respecta al cine. El defecto fundamental de la crítica cinematográfica de hoy, afirma, consiste en que está enferma de estética: se debilita hasta consumirse corriendo detrás, ya sea de los ideales del arte (o poeticidad o lirismo) o del artesanado técnico («específicamente cinematográfico» cinematograficidad, etc.). Ya en 1936, e incluso antes, en el 1931 con su ensayo sobre fotografía, Walter Benjamin, considerado por Lukács el mayor teórico artístico de las vanguardias, en un estudio publicado sólo ahora en Italia, *L'opera d'arte nell'epoca della sua riproducibilità tecnica* (Einaudi), sostenía que el «arte» no había envejecido también en el cine, sino, sobre todo, con el cine; o mejor, que este y la fotografía transformaban radicalmente la noción de arte tradicional.

La disputa, que tiene lugar a lo largo del siglo XIX, entre pintura y fotografía, en torno al valor artístico de sus productos respectivos –afirma– parece hoy fuera de lugar y confusa, aunque no por eso pierde su significado, sino que lo subraya. De hecho, añade, era expresión de una transformación de alcance histórico mundial, del cual ninguno de los dos contendientes era consciente. Igualmente, los teóricos del cine retomaron muy pronto esta problemática mal planteada, es decir, si el cine llegaba a ser arte o no. Ni los teóricos de la fotografía ni los del cine, según Benjamin, se plantearon la pregunta preliminar y fundamental: si a través del descubrimiento, primero de esta y después de este, no se había modificado el carácter general del arte.

El ensayo, que da título al librito, se abre con una cita de Valéry:

> «En todas las artes existe una parte física que ya no puede considerarse y tratarse como antes, y que no puede sustraerse a las intervenciones del conocimiento y la potencia modernas. Ni la materia ni el espacio ni el tiempo son ya, desde hace veinte años, lo que han sido siempre. Hay que esperar que novedades de tipo similar transformen toda la técnica artística y que, de este modo, actúen sobre la invención misma hasta, quizá, modificar decisivamente la propia noción de "arte"».

Benjamin ve en la fotografía y en el cine, sobre todo en el segundo, la realización de la profecía de Valéry (quien, a decir verdad, había definido en un primer momento el cine como «un gasto inútil de inteligencia»). Le parece que estos dos medios crean dificultades enormes a la estética tradicional. A pesar de que reconoce algo vivo en la tradición, algo extraordinariamente mutable, sostiene que el valor único de la obra de arte encontraba en el pasado su fundamento en el ritual y que esta base, por mediada que sea, puede reconocerse incluso en las formas más profanas del culto a la belleza.

Ahora, «la reproducibilidad técnica de la obra de arte emancipa por primera vez en la historia del mundo a esta última de su existencia en el ámbito del ritual». Habiendo aumentado poderosamente su reproducibilidad respecto a otros medios de reproducción técnica del pasado (moldes, acuñación, aguafuerte, punta seca, litografía, prensa) la separa del dominio de lo sacro, de la élite, de unos pocos: se hace accesible a todos, a las masas. Lo que, por tanto, decrece en la época de la reproducción técnica, subraya Benjamin más veces, es la noción de «aura», el «aquí y el ahora», es decir, el concepto de irrepetibilidad, de unicidad de la obra de arte, todo ese conjunto de elementos místicos y sacros que le conferían una posición de privilegio, «aristocrática». Y este es un proceso que, para Benjamin, va ligado al momento histórico contemporáneo, a los movimientos de masas de nuestros días. El cine –que sustituye un acontecimiento único por una serie cuantitativa de acontecimientos repetibles– responde plenamente al decline, al consumirse del «aura» precisamente por su posibilidad, rica e inagotable, de reproducción.

Su significado social, incluso en su forma más positiva, añade, y esencialmente en esta, no es posible sin la forma al mismo tiempo destructiva y catártica. Puesto en crisis todo el sistema precedente de las artes, se ofrece un replanteamiento crítico y revolucionario de lo que las artes vienen a significar hoy, modifica «maravillosamente la noción de arte». Al no tener en cuenta esta revolución, estas transformaciones y novedades, el error de los teóricos del cine, o mejor, de los que Benjamin cita y con los cuales polemiza, consiste en su continuo replantearse, para demostrar la ciudadanía artística del cine, aquellos elementos culturales y tradicionales que este no posee, en obligarlo a reingresar en el campo de la estética clásica, o romántica, o tardoburguesa. Abel Gance, recuerda, parangona el arte al jeroglífico; Severini-Mars habla de él en relación con la pintura de Beato Angelico y otros, tomando la misma posición, buscan el significado del cine, si no ya en lo sacro, en lo sobrenatural.

Por el contrario, el cine implica, continúa Benjamin, una tendencia a promover la compenetración recíproca entre arte y ciencia: dar a conocer la identidad del uso artístico y del uso científico de la fotografía, que antes divergían en general, es, para él, otra de las funciones revolucionarias del cine, el cual mantiene relaciones no precisamente marginales con la psicología y el psicoanálisis. La naturaleza que habla a la cámara es diferente de la que habla al ojo. Con sus medios (el primer plano, la cámara lenta, etc.) el cine dilata el espacio y el movimiento, saca a la luz formaciones estructurales de la materia completamente nuevas, hace aparecer entre los motivos ya conocidos de la realidad física otros completamente desconocidos, capta, aísla, hace analizables cosas que, de otro modo, fluirían inadvertidas en la ancha corriente de la percepción. No sólo vemos, por ejemplo, el andar de un hombre, sino que conocemos su comportamiento en el fragmento de segundo en el que acelera el paso o se para, por no hablar del modo en el que esto varía en relación a su estado de ánimo.

Sabemos algo de inconsciente óptico sólo gracias a la cámara, del mismo modo que sabemos algo del inconsciente instintivo en virtud del psicoanálisis. ¿Cómo podrá ser, por tanto, el cine «una diversión de idiotas», según Duhamel? Es cierto, admite, que el cine no permite la contemplación, en el sentido que, a penas vemos una imagen sobre la pantalla, esta se modifica inmediatamente por la sucesiva, eliminando la posibilidad del demorarse, de la reflexión. El cine ofrece una serie de *shocks*. Pero esto también forma parte de nuestras nuevas exigencias: las tareas del aparato perceptivo en épocas de transición no pueden ser cumplidas por una vía meramente óptica, es decir, contemplativa. Contemporáneo del dadaísmo, y nacido con una función análoga, incluso superándolo en ese ámbito, el cine para Benjamin golpea al espectador como un proyectil. Valiéndose, precisamente, de una serie de *shocks*, y de experimentos, ofrece la posibilidad de movilizar a las masas: se llega al público, examinador, aunque desatento, a través de la recepción en la distracción.

No hay duda de que el análisis de Benjamin debe situarse en el contexto histórico y cultural en el que nace, el de entreguerras: un momento en el que la tecnología predomina en una sociedad que es, cada vez más, de masas y en el que grande es la confianza en la «sociedad de las imágenes». Una confianza que hoy ha disminuido en muchos después de la experiencia del fascismo y de los resultados de la industria cultural, que a menudo se resuelve en una incivilización de la imagen. Así se comprende cómo Adorno, que entonces trabajaba en el mismo grupo que Benjamin, haya llegado, en lo que respecta al cine, a la misma conclusión que Duhamel. Y ciertamente, también debido a una exigencia polémica análoga y a la vez opuesta a la asumida por Adorno. Benjamin, muerto durante el fascismo y por culpa de este, fue inducido a forzar sus posiciones, advirtiendo sin embargo en una «postilla» las ventajas que podía obtener la ideología fascista de una transformación de la función del cine. «Nuevos mitos y nuevos ritos» han nacido y continúan proliferando en el cine y con el cine, el cual, por otra parte, no ha terminado, por ejemplo, con la pintura. A la vez existían y existen películas que se «leen» como un cuadro en el sentido en que exigen, contrariamente a lo que afirman Adorno y otros, la demora, la intervención benéfica de la reflexión y de la observación: las películas de un Dreyer o de un Bresson, o *La terra trema* de Visconti.

Todavía son actuales y agudos los motivos de fondo del análisis de Benjamin, su estudio profundo, frente a las obras, de las previsiones de Valéry. Este resarcimiento de los «parias del arte» (él no podía hablar todavía de la televisión) permanece como una fuente segura para una auténtica historia del cine, que resta por escribir, y, junto a la cultura moderna y contemporánea, para una definición adecuada del cine como arte y como arte popular en la acepción que le da Giulio Carlo Argan. Sólo recurriendo a un análisis similar al de Benjamin, Hauser ha podido concluir su historia social del arte en consonancia con el cine, ver en él la forma típica del momento actual «a pesar de no ser la más válida en el plano estético».

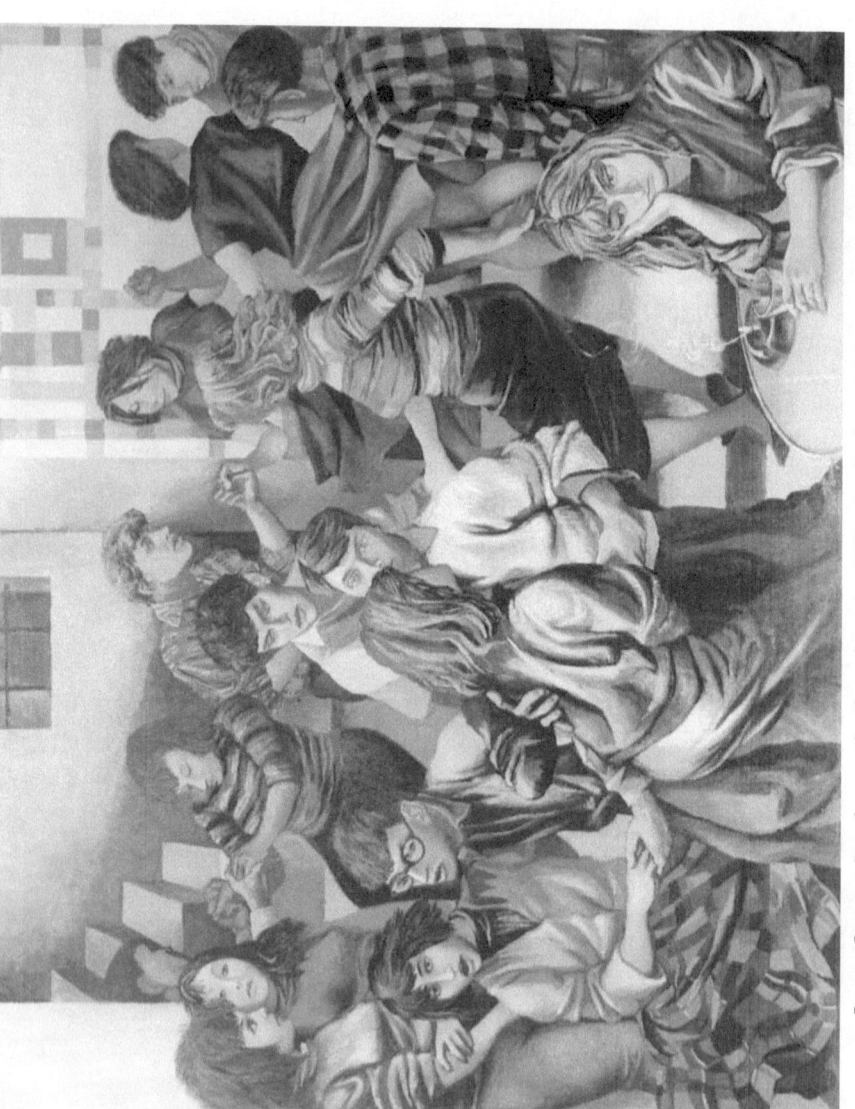

Renato Guttuso, *Boogie-woogie*, óleo sobre tela, 1954, col. privada, Múnich. © VEGAP, Sevilla 2004.

7. ALGUNAS OBSERVACIONES SOCIOLÓGICAS SOBRE EL ARTE POPULAR Y LA ESTÉTICA EXPERIMENTAL

FRANCO FERRAROTTI

La perspectiva del sociólogo ante el fenómeno del arte o del gusto artístico en general es, obviamente, muy diferente a la del crítico o la del cultivador de la estética: el sociólogo, más que analizar el lenguaje artístico o la obra de arte en sí misma, considera uno y otra como realidades típicas caladas, o nacidas, en la sociedad. Precisamente por eso, la expresión «arte popular», que da título a nuestro congreso, es específicamente adecuada al perfil del sociólogo. Por eso el científico social no puede aceptar ni una teoría pura e idealista del arte (por ejemplo, en el sentido croceano de una «intuición lírica», inefable y aristocrática) ni el claro reduccionismo de ciertos críticos de arte marxistas (los más ingenuos y poco preparados) que terminan por anular el fenómeno artístico, identificándolo inmediatamente con la superestructura del elemento económico.

En realidad, el arte es algo peculiar e irreducible; es una realidad y una expresión característica de la realidad que, aun siendo una manifestación con fin en sí misma, no se concibe sin la relación con los hechos y con la sociedad de la que es espejo, en cierto modo y manera, aunque sea un espejo deformado.

Esto es verdad en cuanto el arte es siempre arte popular, es decir, del hombre o de los hombres que la crean y la sienten. El gusto estético es una especie de sexto sentido del hombre que le hace preferir una forma a otra y que se manifiesta donde quiera que tomen parte el color, la forma, las sensaciones, el representar: el propio artesanado es expresión del gusto. Un tenedor, una jarra, una copa, poseen siempre un aspecto exterior que no sólo responde a los cánones de la utilidad, sino también a los del gusto artístico.

Así nace el experimentalismo estético en el ámbito social, en el ámbito de la investigación y el hallazgo sociológico. No se trata de estética para «almas bellas» ni de estética reduccionista o didáctica, o mecanicista y superpuesta, sino de la participación efectiva de toda la colectividad en el fenómeno estético como tal: por tanto, de la correspondencia concreta entre el éxtasis poético (y su lenguaje) por una parte y del humus social del que este nace por la otra; entre el arte y la comunidad que lo siente como necesidad y como expresión propia.

Una vez presentadas estas premisas de naturaleza general, pasamos a algunas consideraciones de tipo estrictamente sociológico.

1. *El producto artístico como bien de consumo.* Las sociedades modernas se definen por su carácter laico. Tienden esencialmente a privatizar lo sacro y a individualizar el rito, es decir, a devolver al individuo, en forma de «elección íntima», valores que son colectivos por definición, que son «sagrados», que podría decirse que se sustraen a las decisiones –a los gustos, a los caprichos– individuales. Estos están legitimados *ab initio* por una tradición-revelación que escapa de los criterios del juicio racional y a sus medios de investigación. La privatización de lo sacro hace laico también al arte, elimina su relación con la fiesta del dios, con el juego o la «representación» sagrada, lo acerca a la lógica del mercado. El arte se transfiere así del reino de lo sacro al reino de lo imaginario. Pero, al pasar de lo sacro a lo imaginario, el arte se convierte en un bien de consumo y entra en el sistema de precios.

En las condiciones actuales, está fuera de discusión el que el arte sea un bien de consumo –es decir, que el producto artístico busque, enigmático y errático, la respuesta justa a determinadas preferencias humanas imprevisibles en su especificidad y busque a su interlocutor, a su cliente, a su mercado. Se dice, quizá con excesiva simplicidad, que el arte no nace en los museos, sino en la vida y para la vida. Pero ¿podrá haber una bolsa de productos artísticos igual que hay una bolsa de mercaderías o de valores inmobiliarios? ¿Pueden aplicarse al mercado artístico los mismos criterios que se usan en el análisis de mercado para el lanzamiento de un producto industrial fabricado masivamente en serie?

Estas son preguntas embarazosas, si no provocadoras. Recientemente, y con mucha perspicacia, Roberto Leydi ha vuelto a llamar la atención sobre esta «asunción» particular del arte en el esquema de producción-consumo de una economía fundada sobre el máximo beneficio y que tiende, por tanto, a reducir todos los valores a sus términos puramente cuantitativos.[1] A propósito de la publicación en Estados Unidos de una especie de manual para especuladores de productos artísticos, con un título bastante explícito, *How to Make Super-profits in the Art Market Today*, Leydi observa que se trata de una publicación ejemplar, de un verdadero signo de los tiempos, del estilo de los tiempos, y añade que es incluso:

> «Una llave [...] para descubrir las razones de buena parte del actual "boom" del mercado del arte, de la inesperada (y, en el fondo, algo escandalosa) fortuna de la pintura más avanzada y problemática entre la gran

---

1. Cfr. R. Leydi, «Superprofitti dell'arte» en *Rivista Pirelli*, 15, 2, pp. 98-104.

burguesía internacional [...]. No es posible garantizar que, siguiendo las reglas enunciadas por este tratado, puedan conseguirse de verdad superbeneficios con los cuadros, como promete el título. Incluso si los compiladores hubiesen individualizado de verdad las reglas que gobiernan el mercado del arte moderno, permanecería el problema moral».

La denuncia es justa, pero si se abandona a sí misma y se la trata de anecdótica por Leydi, es insuficiente y se arriesga a resultar genérica. La «economización» del arte, por valernos de la fórmula que Raymond Moulins aplica a la pintura, implica toda una serie de problemas interpretativos, en particular de análisis y comprensión de las motivaciones, que el suponer que el hecho sea escandaloso es, de por sí, incapaz tanto de entender como de explicar completamente. No se trata de aprobar o desaprobar, de declararse optimista o pesimista, sino de comprender el papel del arte y la posición respectiva del artista y de su público en la sociedad industrial, posartesanal, dominada por ritmos productivos y tiempos cada vez más veloces, caracterizada por sus rápidas mutaciones y por una alta tasa de deterioro y de obsolescencia adquisitiva y competitiva, ávida de «novedades» y, al mismo tiempo, atemorizada por lo «nuevo», perpleja y, a veces, genuinamente angustiada frente a la nueva época que comienza y en la que faltan todos los viejos y sólidos puntos de referencia.

El proceso de industrialización, que constituye el corazón, el componente de fondo de la sociedad moderna en desarrollo, es un proceso social global cuya lógica influye también en el destino de las artes. En otro lugar he señalado las características y las consecuencias esenciales de la industrialización, concebida globalmente según la perspectiva de los tres niveles-base de observación (el estructural o macrosociológico, el psicológico-social y el ideológico-cultural). Aquí me limitaré a observar que, en lo que se refiere al arte y a su evolución, la industrialización anuncia la cuantificación de lo cualitativo. Cuando Leydi pone de manifiesto, citando a Charles Alan, que «la gente rica no compra lo que le gusta, sino sólo lo que juzga cualificante y financieramente beneficioso» y además que «hay comerciantes que se apresuran como locos a aumentar los precios porque han descubierto que ciertos compradores sólo se interesan por lo que es muy caro», nos describe en pocas palabras algunos comportamientos paradigmáticos de la sociedad adquisitiva de Tawney o de la *leisure class* de Veblen. Más que ocasión de disfrute estético solitario, la obra de arte ya es símbolo del consumo, el indicio de ciertas posiciones alcanzadas en cierto estrato social, la proclamación de que un individuo, un grupo familiar o una clase han superado la línea de la mera supervivencia, que han entrado en la economía absurda del «dilapidar vistosamente» y del «consumo suntuario», según las fórmulas veblenianas.

Por eso existe un mercado artístico en el que operan «locos» que son imprevisibles porque actúan de forma absurda, sin apoyarse en ningún discurso crítico serio, en ninguna mediación de la inteligencia. Pero parece claro que hay que ir más allá de la denuncia, que hay que examinar, más allá de los discursos moralistas más sacrosantos, qué es lo que hay detrás del escándalo. La cuantificación de lo cualitativo no cae del cielo. La supremacía de la esfera de la producción sobre el consumo induce necesariamente a crear necesidades artificiales. En la sociedad industrial, lo anterior es cierto tanto en el caso de los cuadros como en el de los automóviles. Hay que consumir para mantener las ruedas del mercado en movimiento. ¿A qué precio? ¿Con qué consecuencias sobre la libertad de invención del artista, sobre su autonomía personal e intelectual? Por otra parte, ¿de qué medios de defensa y contraofensiva dispone el artista-artesano en la sociedad industrialmente avanzada? Una respuesta puramente optimista o pesimista a estas preguntas sería irrelevante en cuanto que reflejaría sólo estados de ánimo, subjetivos por definición y, como tales, no verificables. Sería, en otras palabras una respuesta genérica y, por tanto, carente de significado desde el punto de vista interpretativo, una profesión de fe, no un conocimiento explicativo.

2. *El arte como actividad absolutamente autónoma.* Tras el escándalo se encuentra, en primer lugar, un antiguo temor: que al arte no se le reconozca su naturaleza «divina», su carácter constitutivo de actividad absolutamente autónoma, su «pureza». Es un temor inhibidor que concibe el arte como un impulso místico que se contrapone al trabajo, a la contaminación manual. Esto termina por separar al arte de la vida, la actividad artística de la experiencia y desemboca inevitablemente, aunque de modo diverso en los diversos autores, en una concepción puramente formalista en la cual se consuma el divorcio entre forma y contenido. Es curioso notar cómo esta concepción iguala en las mismas posiciones, en lo que se refiere a la relación entre arte y sociedad, a hombres y mundos de pensamiento muy diferentes, si no contrapuestos en otros aspectos: de los neorrománticos Hölderlin y Novalis, severos custodios y defensores del «sentido de lo invisible» y del carácter sacro del arte en una época que se dispone decididamente a ser laica y moderna, a Herbert Read, para quien el arte se origina en una actividad esencialmente solitaria y no se integra en la sociología más que en proporción a su aceptación por parte de la sociedad, y al propio

Marx, abierto sólo a la literatura considerada como expresión vulgarizada de determinadas ideologías, es decir, como superestructura en sentido ingenuo. El límite de esta concepción lo proporciona su desenlace final, que es indudablemente subjetivista. Minusvalora la unidad fundamental, continuamente subrayada, de la *techné* como profesión o técnica y de la *techné* como arte. La actividad artística se convierte en un hecho extraordinario, con sus reglas misteriosas que huyen del lenguaje y de la lógica común, rodeada de un halo mágico que desafía toda explicación racional, pero que al mismo tiempo la reduce a puro símbolo formal. Croce nos ha ofrecido, probablemente, la defensa más comprensiva y coherente de la autonomía absoluta del arte. Y no por casualidad, dado que, como ya observa Pareyson, precisamente porque la filosofía croceana se declara heredera del subjetivismo, de la filosofía moderna, Croce hace comenzar la historia de la estética en el nacimiento del pensamiento moderno, porque concibe la estética como una revalorización de la subjetividad y el arte como la afirmación de la creatividad del espíritu. Precisamente por esto, hace de la estética una ciencia típicamente moderna. Nadie disputa a Croce el gran mérito de haber ido más allá de la historia anónima de las artes a la Wölfflin, de haber subrayado decididamente su característica fundamental de actividad mental y de haber pretendido indagar el concreto hacerse en la historia de individuos determinados, pero lo Bello, a cuya investigación se lanza Croce, es tan absoluto y puro y está tan lejos del mundo empírico de la experiencia que todavía forma parte de la trinidad clásica de lo Verdadero, lo Bueno y lo Bello, encerrada en su mítica pureza contradictoria. El punto de máxima debilidad de la construcción estética croceana está precisamente aquí: en el insistir sobre la pureza de lo bello, sobre la distinción entre poesía y no-poesía y, al mismo tiempo, en no conseguir proporcionar un criterio filosófico riguroso para distinguir a la poesía de la no-poesía. La autonomía radical del arte en Croce se traduce de este modo en consagración de sus propios prejuicios estéticos, en la desvinculación total de toda referencia a un momento histórico dado o a una situación social particular. En otros términos, la idealización del momento artístico se traduce, en realidad, en su empobrecimiento.

Que esto no se malinterprete. Aquí no se pretende negar la especificidad del arte, no se le quiere reducir a mero epifenómeno de un contexto sociohistórico dado. Tampoco se quiere ignorar la aportación única e irreducible de la intención artística individual en el interior de cualquier condicionamiento histórico objetivo. Lo que se pretende es reclamar el carácter social de la creación artística, su relación con la convivencia como técnica, como mensaje y como símbolo. Para explicarme con una fórmula que lo resuma, diré que el arte es actividad espiritual, pero también técnica, específica, no autónoma respecto a lo social.

3. *El arte como mero reflejo social.* «El hombre es aquello que come»: la no-autonomía del arte respecto a lo social se ha entendido tradicionalmente por los sociólogos como pura y simple supeditación. La ostentación de los sociólogos resplandece aquí con luz vivacísima. No se trata sólo del «descubrimiento del verdadero Homero» de Vico. El arte se reduce a reflejo de determinado contexto social, se convierte, como mucho, en un síntoma clínico. Escribe, por ejemplo, Sorokin:

> «Ya sea en la pintura o en la escultura, la arquitectura, la música, la literatura o el teatro, estos [artistas] modernistas se revelaron abiertamente contra el decadente arte "sensato". Rechazaron reproducir la superficie meramente visual de los "fenómenos", como hace el arte "sensato". Su revuelta se dirigía contra la fotografía impresionista y buscaba expresar, sobre todo, la esencia del fenómeno en cuestión –el alma o el carácter interior de una persona, las características dominantes de un objeto inanimado, etc. [...]. Por otra parte, la revuelta se dirigía contra un arte rebajado a puro instrumento de placer y de diversión. De ahí su música tan disonante para un oído razonable normal. De ahí su literatura, que parece tan árida e indigerible para los lectores habituales de novelas razonables. De ahí su escultura excéntrica e incomprensible [...]. Gran parte de los compositores más importantes son modernistas –por ejemplo Stravinsky, Prokofiev, Hindemit, Honegger, Schoenberg, Berg y Shostakovich. En pintura y en escultura, la proporción de obras modernistas sube de cero en el siglo dieciocho al 2'8 por ciento en el siglo diecinueve y al 35'5 por ciento en el periodo que va del 1900 al 1920. La situación es la misma en las otras bellas artes».[2]

Lo que llama la atención de tales interpretaciones es el carácter externo, mecanicista, del análisis en que se apoyan. Viene a la mente el caso macroscópico de análisis mecanicista en clave sociológica debido al entomólogo Kinsey con referencia al comportamiento sexual del hombre y la mujer,

---

2. Cfr. Pitirim A. Sorokin, *The Crisis of our Age*, ed. 1957, pp. 76-77 pero, más extensamente, en *Social and cultural Dynamics*, Nueva York, 1935, Vol. I.

reducido a la pura fricción física con fines contables, es decir, para hacerlo conmensurable con los instrumentos ordinarios de medida, para lo cual sugerimos la agudísima crítica de Lionel Trilling.[3] Pero llama también la atención la presunción de ciertas aproximaciones que pueden derivarse, mediante una pseudológica, de tales análisis extrínsecos, instrumentalmente incapaces de entender la obra de arte como actividad específica. Para Sorokin, a los comunistas y a los fascistas en política corresponden (*are the analogues*, dice textualmente) los modernistas en las bellas artes».[4] Perlas de este tipo se pueden recoger en muchos textos de «sociología del arte», pero estos no son los defectos más graves, ya que son ingenuos y se han descubierto. Aún más insidioso es el procedimiento típicamente «reduccionista» en base al cual a una cierta época histórica le corresponde mecánicamente un cierto tipo de arte, por ejemplo, a la sociedad campesina hace eco el arte campesino; a la urbana, el arte urbano; a las épocas llamadas, quién sabe por qué, «espirituales», como el Medievo, incumbe un arte «espiritual»; a las científicas, sin embargo, como la Ilustración, el arte naturalista, etc. El manual de Arnold Hauser[5] es un campeón ejemplar de tal sociologismo ingenuo al que no faltan precedentes ilustres, como Taine y Guyau, por no recordar a todo el filón marxista, de Plejánov a Lukács.

La esencia del sociologismo aplicado al arte es esta: que el arte en todas sus formas evoluciona, por usar la frase de Guyau, hacia una «socialidad cada vez más acentuada». En el ámbito de la socialidad hay que registrar lugares comunes espontáneamente distribuidos por juicios estéticos suministrados socialmente. La novela moderna, por ejemplo, según el parecer de Guyau, representa una época social, como los poemas épicos de la Grecia antigua. La novela, afirma Guyau, cuenta y analiza las acciones en su relación con el tipo o el carácter que las ha producido y con el ambiente social en el que se manifiesta. En otras palabras, la verdadera novela, siempre según Guyau, reúne en sí lo esencial de la poesía y el drama, de la psicología y de la ciencia social.

Esto se presenta como «*de l'histoire condensée et systématisée, dans laquelle on a restreint au strict nécessaire la part des événements de hasard, aboutissant à stériliser la volonté humaine*». Se trata, en definitiva, de una historia «*humanisée en quelque sorte, où l'individu est transplanté*

---

3. Cfr. *The Liberal Imagination*, Nueva York, pp. 216-235.
4. Sorokin, *op. cit.*, pp. 78-79.
5. Cfr. *The Social History of Art*, Londres, 1961.

dans un milieu plus favorable à l'essor de ses tendances intérieures. Par cela même, c'est une exposition simplifiée et frappante des lois sociologiques».[6]

Plejánov es todavía más preciso: «comenzamos por decir, sin dudar, que nosotros consideramos el arte como todos los otros fenómenos sociales, desde el punto de vista de la concepción materialista de la historia [...]. Se entiende que el estudio de una cuestión particular como el arte nos servirá, al mismo tiempo, para verificar nuestra concepción general de la historia.»[7] Incluso antes de comenzar la investigación, la actividad artística es clara y explícitamente instrumentalizada: para Guyau, sirve para ilustrar y simplificar las leyes sociológicas (¡Una tarea edificante!). Para Plejánov, sirve también como confirmación, no rigurosamente necesaria, de la validez del materialismo histórico.

4. *La interacción entre arte y sociedad.* La concepción del arte como autonomía absoluta y la del arte como reflejo pasivo de determinado contexto social tienen en común un elemento fundamental; la ausencia del arte como tal en la convivencia concreta (histórica) de los hombres, su desvinculación de la vida, en el primer caso; la subordinación a la sociedad en el segundo. En ambos se echa en falta la conciencia de que la experiencia histórica no plantea simplemente un problema de «saber ver» o «saber sentir» (formalismo estético) o una cuestión de hermenéutica, es decir, de cómo descifrar la base estructural de la obra de arte, producto necesario, completamente dependiente y asimilado, incluso antes de que se realice. En primer lugar, se plantea el problema de la participación en una experiencia humana concreta, determinada y significativa. La actividad artística no es algo más; es una actividad necesaria y complementaria con todas las otras actividades humanas significativas que, en su conjunto, constituyen la sociedad en sentido global. Entre arte y sociedad tiene lugar una relación real, dialéctica, viviente, que no se deja explicar, ni mucho menos apresar, en los esquemas del formalismo estetizante y del sociologismo ingenuo. Como bien dice Max Picard:

> «En los tiempos en que la esencia de una época se reflejaba adecuadamente en el arte, esta correspondencia no se proponía como si fuese un programa, sino que simplemente existía, y existía porque la gran, esencial sustancia de una época buscaba por todos sitios objetos, estratos donde

---

6. Cfr. Guyau, J.M., *L'art au point de vue sociologique*, París, 1930, p. 30
7. Cfr. Plejánov, G., *L'art et la vie sociale*, trad. del francés, París, 1949, pp. 147-149.

expandirse –se expandía por plenitud. Hoy, se expande por escasez, mediante el dictado de un programa; porque allá donde el programa no tenía nada que dictar, todo estaba vacío».[8]

En otras palabras, la relación que se establece entre arte y sociedad es una relación elusiva, no programática, dialéctica, no estática o dada de una vez por todas. Es una relación de condicionamiento recíproco, pero cuya configuración específica no puede admitirse como hipótesis a priori. Por esta razón, ante ella entran en crisis tanto las sociologías científicas o extrínsecamente tipológicas como las sociologías puramente ideológicas o sistemáticas en sentido omnicomprensivo, es decir, teórico-abstracto, que se reducen necesariamente a la encarnación ontológica de un modelo heurístico. A nuestro juicio, sin embargo, el sentido de la sociología del arte está en aprehender la relación arte-sociedad con toda su riqueza de motivos y actitudes. Podría decirse que se trata de fijar los términos y las características de cada época o «mundo histórico» sin objetivarlos a priori, o sea, sin congelarlos en una caricatura.

La actividad artística no aparece como escindida de las otras actividades humanas. No se presenta como inspiración de un individuo en su soledad, frente a la realidad externa del mundo. Una concepción tal del arte niega en principio la relación arte-sociedad. Pero también es evidente que una precisa vocación o intención social del arte no se puede dar por probada. Se puede ciertamente convenir que con Diderot y Marx –pero, con este último, muy tímidamente– se introduce el problema de las relaciones existentes entre el arte y la sociedad entendida como estructura global organizada en cuyo ámbito actúa el artista, de modo que la relación ya no se plantea entre el artista y el mundo como lo dado externo, sino entre el artista y los modos de existir de su tiempo. Como escribe Francastel con gran agudeza:

> «Ha hecho falta un siglo para que el desarrollo de la historia condujese a una apreciación verdaderamente nueva de las relaciones entre el arte y el orden temporal de una época. Se necesita un esfuerzo notable de erudición para recuperar el sentido que han podido tener un zigurat o una pirámide para sus constructores. Es imposible definir con certeza el sentido de una obra más reciente como *La primavera* de Botticelli. Del mismo modo,

---

8. Cfr. Picard, M., *L'atomizzazione nell'arte moderna*, traducción al italiano, Milán, 1954, p. 33 (en cursiva en el texto original).

no podemos percibir con claridad la inmensa aportación de las artes del Lejano Oriente y, por otra parte, las artes primitivas constituyen el objeto cotidiano de una realización frecuentemente contradictoria. Incluso cuando conseguimos reconstruir con más o menos fidelidad el sentido dado a una obra de arte extraña a nuestra cultura, nuestra toma de contacto con ella es completamente diferente a la de sus contemporáneos: es erudita y no inmediata».[9]

La relación entre arte y sociedad no consiste, por tanto, en una relación entre dos realidades extrañas la una a la otra, o mecanicistamente escindidas, como sucede en el caso de la estructura y la superestructura para los marxistas más descuidados. El punto de vista sociológico constituiría una trampa mortal si enviase, pura y simplemente, la obra de arte individual, o las escuelas o tendencias a la matriz histórico-social específica de la cual se supone que derivan. El arte y la sociedad no se enfrentan; el arte «está» en la sociedad. De ahí el carácter problemático, esencialmente ambiguo, de su relación.

En la época preindustrial, caracterizada por comunidades orgánicas y mercados cerrados, donde la producción tiene lugar en vista de las necesidades y no del máximo beneficio, y donde estas necesidades son elementales y, por tanto, sustancialmente constantes, el arte es un factor de cohesión social; es ilustración y comentario, exhortación y propedéutica. En una palabra, es arte artesana. En la época industrial las cosas cambian y basta con pensar en el destino y en los resultados artísticos del «realismo socialista» para darse cuenta de cómo la imitación deliberada de las grandes tradiciones artísticas orgánicas desemboca inevitablemente en la irrelevancia o en la caricatura. La época industrial, dominada por la producción de masas y el consumo de masa, también comunica su ritmo a la actividad artística, su *Zeitgeist*, sus exigencias objetivas. El propio «informal», más que suponer una condena o una reacción contra la técnica productiva industrial y su racionalismo, es en realidad el equivalente artístico de la reducción de todo valor a cantidad, a materia sensible. La disolución de las formas se consagra a un mundo que ha renunciado a la utopía y al debate ideológico en beneficio de la competición en términos de fuerza pura.

---

9. Cfr. Francastel, «Sociologie de l'art», en G. Gurvitch (ed.), *Traitè de sociologie*, París, 1960, Vol. II, p. 287.

CONCLUSIÓN

Ahora intentaremos brevemente extraer una de las conclusiones posibles del congreso, teniendo en cuenta y contrastando algunas de las diversas posiciones planteadas.

El problema base era, según las directivas de Argan, establecer si el arte moderno puede considerarse popular o no; popular obviamente (como ha precisado Argan y como han convenido más o menos todos los participantes) en el sentido, no de arte hecho por el pueblo sino, dado el fin de la sociedad artesanal, de arte que refleje los ideales y las exigencias del pueblo. Han sido realizadas tentativas en este sentido, ha continuado Argan (tras el advenimiento efectivo de la sociedad industrial), primero por Kandinsky y Klee y luego por Gropius y otros. La voluntad de hacer un arte dirigido al pueblo se concretaba en estos artistas en la voluntad de mantener el valor de la experiencia individual dentro, o mejor, como elemento base de la organización social. Aun así, el propio Argan ha reconocido que estas tentativas se han transformado, ante la realidad de los hechos, ante la actitud reaccionaria e interesada de la clase dirigente, en pura utopía. En efecto, como acierta a subrayar Argan, para que exista un arte popular es necesario que exista un pueblo, es decir, una entidad consciente y capaz de expresar sus propios ideales y sus propias aspiraciones. Ahora bien, en el estado actual de cosas, un pueblo, en el sentido indicado de Argan, como ha subrayado Raffa, no existe. Existe, si acaso, una masa, es decir, una entidad más o menos amorfa, más o menos diferenciada, condicionada y estructurada por los intereses económicos de la clase dirigente. En este sentido, también la propuesta de la arquitectura como arte popular viene a asumir un carácter de utopía en el sentido en que, como ha señalado Cirese, la propuesta de Zevi de «un estilo para cada hombre», aunque muy deseable, choca necesariamente contra la situación del urbanismo actual, basado en la especulación. Por otra parte, no parece realista pretender que, en las condiciones económico-sociales de hoy, los empresarios renuncien a sus beneficios voluntariamente, o como consecuencia de la pura presión ideológico-intelectual ajena a cualquier fuerza política concreta, a favor de una clase que de hecho tiene muy pocas posibilidades de hacer valer sus propias exigencias. En lo que se refiere al diseño industrial, a Dorfles, que reivindica su popularidad (en el sentido de difusión a todos los niveles sociales), parece que se le puede responder con las objeciones avanzadas por Argan, Cirese y Raffa y, por tanto, con la relatividad del peso de la opinión pública sobre el diseño industrial, por un lado, y con la imposibilidad de que las masas (en cuanto ya condicionada a priori a «escoger» un cierto tipo de producto) expresen una preferencia o una alternativa válida a lo que se le ofrece. En conclusión, en lo que respecta al diseño industrial si, por un lado, como ha demostrado Argan, este presenta el mismo servilismo ideológico que los «mass media» ante la clase en el poder, *por otro, respecto a los «mass media», tampoco propicia ninguna toma de posición ideológica (o como se le quiera llamar), sea buena o mala, sobre el público.*

Por tanto, creemos que el problema se plantea en los siguientes términos: aunque la voluntad de los artistas fuese la de trabajar para el pueblo o, en situaciones más recientes, la de despertar las conciencias de las masas o de los individuos con el fin de sustituir una entidad amorfa por un organismo que sea el resultado de voluntades y de aspiraciones individuales y conscientes, siendo realistas, el mensaje actual de las artes no llega a las masas y su comprensión sigue siendo un hecho de élites (élites revolucionarias, si queremos, pero siempre, dada su alta especialización, numéricamente exiguas). Las únicas manifestaciones difundidas extensamente a nivel social son los llamados «mass media». Estamos de acuerdo con Argan, Montana y Raffa en poner de manifiesto la precariedad ideológica de estos medios de comunicación (por no hablar también de su servidumbre ideológica); lo que es más, si queremos hablar de arte popular, habiendo reconocido que el pueblo ha sido sustituido por las masas, no nos queda sino hablar de arte (o cultura) de masas. Si no, deberíamos esperar una revolución en el ámbito de las masas pero, constatado que esta revolución no puede partir de un ambiente intelectual que, por su especialización y carácter cualificado, ha ido restringiendo su mensaje a un ámbito cada vez más restringido, deberemos entonces hablar de una revolución económico-política.

Para concluir, permaneciendo en el campo específico de las artes visuales, considerada la situación actual, o nos ocupamos del arte moderno (y deberemos renunciar a hacer de él un acontecimiento popular) o, si queremos hablar de arte moderno, deberemos ocuparnos de los «mass media».

www.ingramcontent.com/pod-product-compliance
Lightning Source LLC
Chambersburg PA
CBHW031446210526
45464CB00005B/2351